「東北」共同体からの再生

東日本大震災と日本の未来

川勝平太
東郷和彦
増田寛也

藤原書店

「東北」共同体からの再生　目次

〈鼎談〉「東北」共同体からの再生　11

討論

震災百日──鼎談を終えて　129

本書参考地図

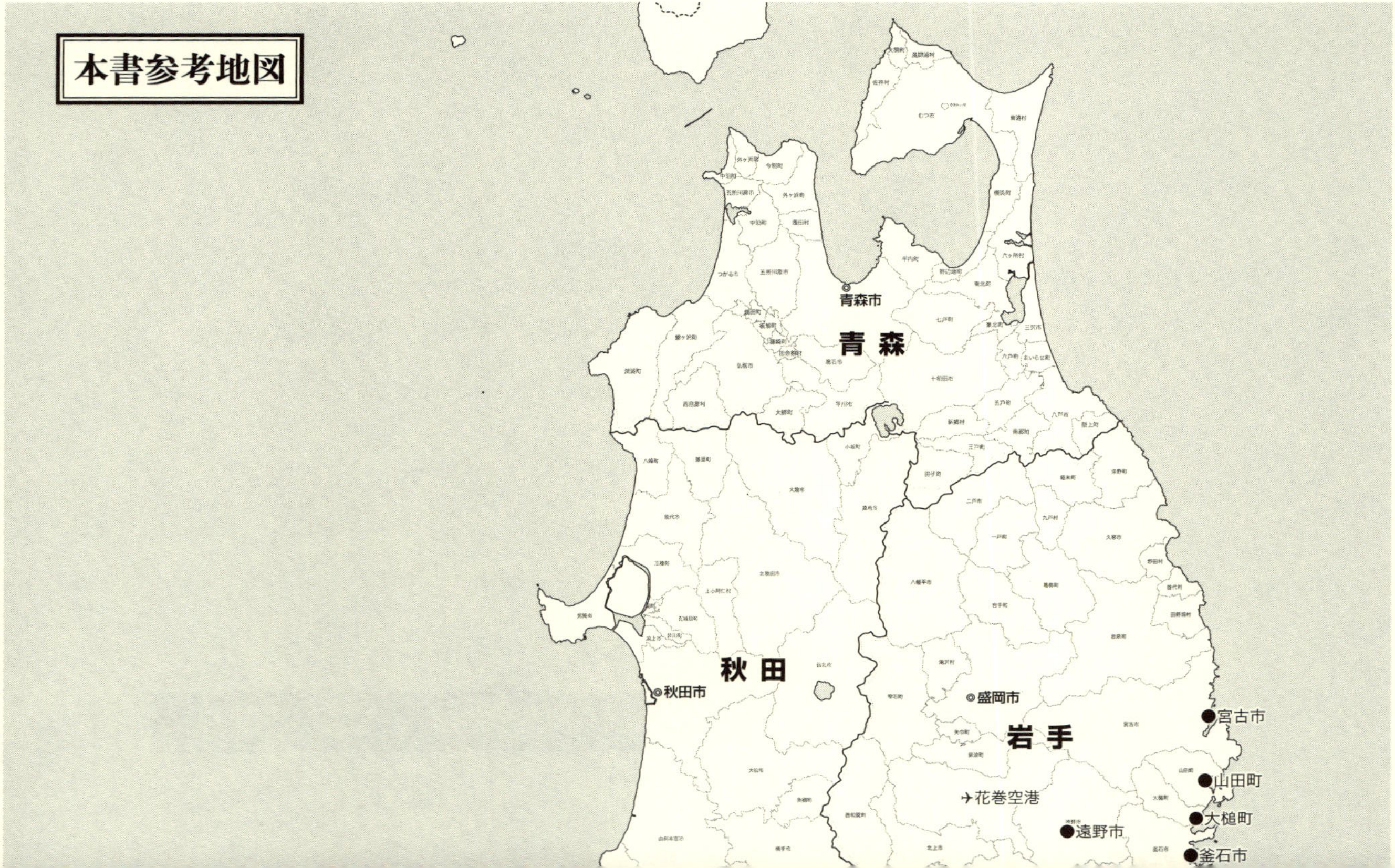

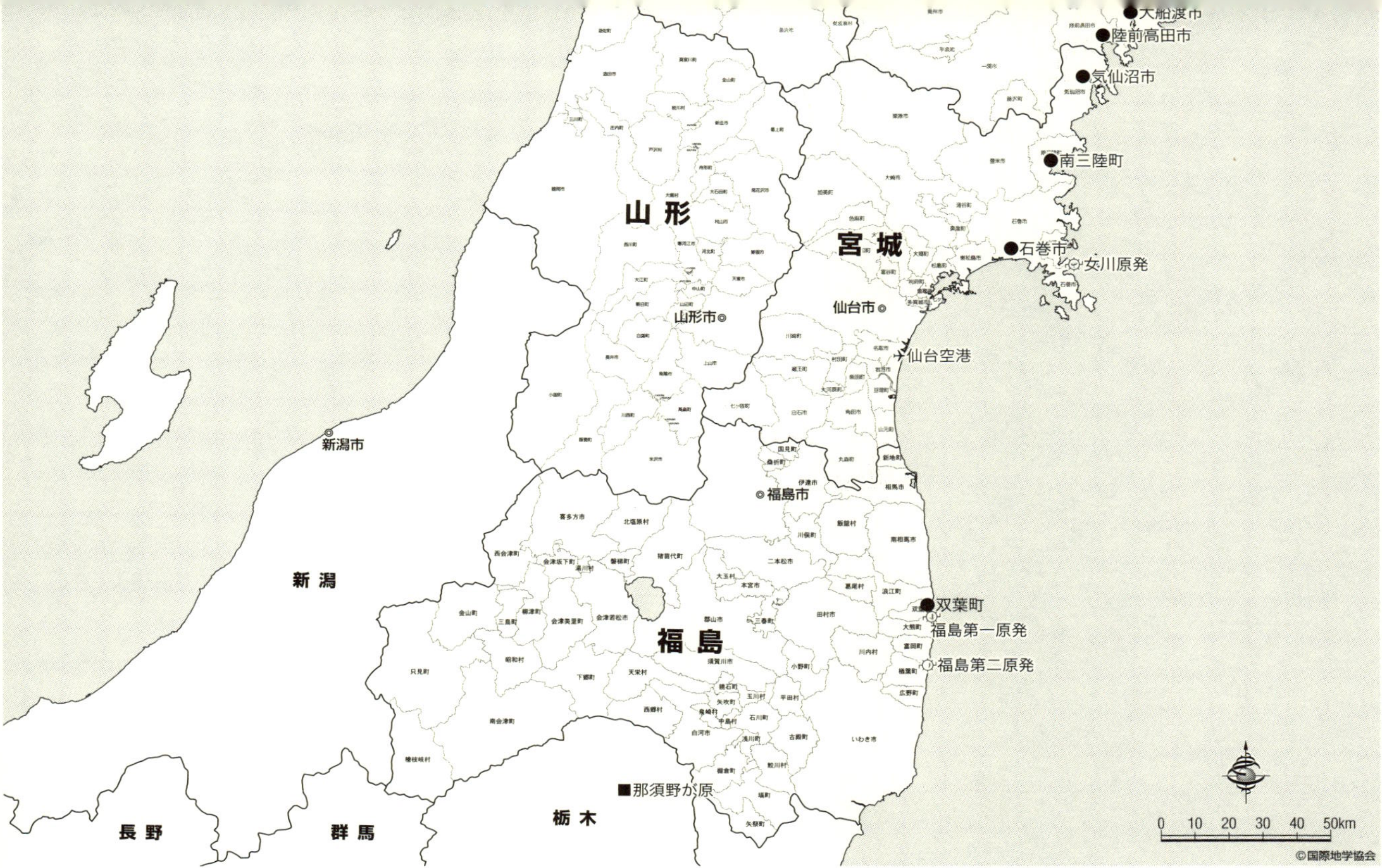

山形
宮城
福島
新潟
長野
群馬
栃木
大船渡市
陸前高田市
気仙沼市
南三陸町
石巻市
女川原発
仙台市
山形市
仙台空港
新潟市
福島市
双葉町
福島第一原発
福島第二原発
那須野が原
0 10 20 30 40 50km
©国際地学協会

協力＝静岡県

「東北」共同体からの再生

——東日本大震災と日本の未来——

KOMATSU

〈鼎談〉「東北」共同体からの再生

問題提起

はじめに

司会（藤原良雄） 本日はお忙しいなかありがとうございます。大震災が起こって一か月余りがたちました。今回の大震災の犠牲になられた方に心からご冥福をお祈りいたしたいと思います。

今回の大震災は、マグニチュード九という未曾有の大地震ということはありますが、震災と津波と、さらにはかつてないことですが、世界的なニュースにもなっている「原発事故」というとんでもないことが起こりました。文明の最先端にあった原発の事故という悲惨なことが起きて、これに関しても今回の大震災を語るときに抜かすことはできないことだと思います。

本日は、浜岡原発という大きな原発を抱える静岡県の川勝平太知事から、なぜひともこういう時に問題提起し、徹底討論をしたいというご提案もありまして、大震災が起きて、その被害の現状と、そこからの復興と、そして、最先端の科学技術を揺るがす原発の事故ということがありますから、エネルギーを含めた日本の未来について、議論していただければと思っています。

まず初めに、東日本大震災ということですが、岩手県知事を長くやられた増田寛也さんがお見えでございますので、増田さんから今回の大震災をどういうふうにとらえられるのかというところからお話をしていただきたいと思います。

復興の基盤としての地域共同体

増田寛也

震災直後に現れた共同体の力

では、私から口火を切らせていただきます。

岩手県、宮城県を含む三陸地域での大きな津波災害というのは明治以降は三回、明治二十九(一八九六)年、昭和八(一九三三)年、昭和三十五(一九六〇)

年です。明治二十九年の津波は、二〇〇五年のスマトラ沖地震までは世界最大の津波被害といわれていたもので、当時二万二千人の方が亡くなりました。そして昭和八年にふたたびあって、昭和三十五年はチリの地震による津波です。南米のチリでマグニチュード九・五という観測史上世界最大の地震があって、その津波が地球を半周回ってきた。こういう地域ですが、それにしても今回は、マグニチュード九・〇という、過去をすべて上回る大変大きな津波災害が発生しました。

その被害の規模の大きさたるや、こちらも呆然とするぐらいのものでしたが、合わせて、原発事故を契機として電力が相当数失われました。地理的には東北を中心とした津波災害だけでなく、電力喪失を通じて、東日本のみならず、全国民がなんらかの痛みを負うという、自然災害を契機としたものとしては今までにはない大きな規模の災害になってしまった。自然災害は天災といわれますが、そこに原発制御の失敗という人災の要素も加わって、全国スケールの災害に変わってきているということがあると思います。

復興の議論には被災者を巻き込んで

今後につながるという意味で一つ申し上げたいのは、最初は人命救助、救命救急が急がれるなかで、今回は被災した自治体以外の全国の自治体がすばやく現地に入って、自治体間の連携の強さというものがあらためて出てきたのではないかと思います。人命救助といった当初の立ち上がりの段階から、いろいろ動いてくださった。

そして、それにも増して地域の「共助」、地域の共同体の強さがはじめに出てきて、全世界が称賛するような、乏しい毛布だとか食べ物をみんなで寒いなかでも分け合いながら、整然と秩序だった対応をしてくださった。これは日本のなかで最もそういう共同体の意識が残っている三陸地域ならではのことだったのではないかと思います。

そういうところからスタートして、人命救助からライフラインの復旧、それから後半の議論になる復興と、逐次ステージが進んでいかなければならないのですが……ここまでにしておきます。

要は復旧段階からはそうとうスケジュールの遅れがあって、いまだに約一三万人の方が、埃の舞う劣悪な環境の避難所生活で、心身をすり減らしている。私自身の気持ちとしては、復興の議論もいろいろしなくてはいけないと思いつつ、一方で、災害発生から一月半たちながら、日々の生活で、命をどうやってつないでいくかという限界の状況におかれている人たちがまだ一三万人もいて、仮設住宅の建設も全く目処がついていない。それらをまず解決することにとにかく全力をあげつつ、そこをきちんと押さえながら——本当であればその人たちが治まってから——、復興の議論はそういう人たちを巻き込んでやっていきたい。ですからこの点を忘れずに今日の議論も行っていきたいと思います。

東北から「新しい文明」の創造を

東郷和彦

「二つの試練」を跳ね返す

ここにお呼びいただきありがとうございます。私も、地震が起きて、その被害の様相が報道された時に、これは桁が違う。おそらくこれを復旧するにあたっては、まず壊された場所をまったく新しくつくり直さなくてはいけない。いまおっしゃられたように、これは全国民がなんらかの形でエネルギーを投入しなくてはいけないことだろうと、最初の晩に思いました。この被害の大きさは、本当に天が日本に与えた試練であり、逆にいえば、この試練を跳ね返して新しい東北をつくる大きな可能性を秘めている。

私はずっと外務省で仕事をして、外務省を辞めてからほぼ一〇年は外の仕事をしてきました。平成になって二〇年以上経ちますが、明らかに日本は漂流してきている。世界のなかにおける日本の地位がどんどん下がってきている。如何ともしがたい焦燥感に駆られて、この二〇年、日本を見てきたのですが、この天の試練に日本人全体が力を合わせて新しい東北をつくることができれば、それは新しい国家目標になり、かつ世界の中での日本の立場というのは、まったく変わる。

そのうえ、原発の問題が出てきている。最近、私はこれも天の試練だと考えています。ですからこの原発問題を跳ね返して新しい日本をつくる。二つの課題が出たわけですけれども、その両方をちゃんとやることができれば――そしてやらなくてはいけないと思いますが――、最終的に日本は「二十一世紀文明の理想郷」をつくることができるのではないかと思っています。

誰が復興を担うのか

しかし、それをどう実現するのか。そこはいま増田さんがいわれたように、たぶん一番むずかしい問題で、いくつか絶対に押さえなくてはいけない局面があると思うのですが、まず第一に、苦しまれた方ご自身です。いまの苦しみを、とりあえず普通に生活できるところまで戻すというのが喫緊の課題で、それが実現できなければ、今ここで私がさらに申し上げたい復興に向かっての大きなヴィジョンというのも、本当にむずかしいと思います。でもそれをなんとかやりつつ、しかしその人たちが、ああ、やってよかった、新しい東北をつくって本当によかったというものにしなくてはいけない。

　では、それが実際にどうできるかというと、二番目の局面としては、市町村から県に至る地方自治体からの発信が不可欠だと思います。それはこの一〇年ぐらい、今後の日本をどうするかいろいろ議論したなかで、日本はもう中央集権だけではだめだと、地方発信でなければだめだという声がいろんなところに満ち満ちていたわけで、それをまさに東北発でやらなくてはいけないと思うんです。

　しかし、「東北発」といって現地と県の人たちの声があるだけでもだめで、やはり国すなわち政府がそこにちゃんとかんで、政府としての責任を果たす。これが第三の局面です。四番目に、国民一人一人です。震災発生の当初、日本人はみんな連帯感をもって、日本中から助けに行こうというような雰囲気がありましたが、しかしこの復興の段階になって、日本人の力がさらに本当に結集できるのか。いまの時点では、そこまで日本人は覚悟が徹底してないのではないか。逆にいうと、それだけの危機感をまだ日本人はもってないのではないかという気がするんです。でも、そこをなんとか自覚しこの四つのレベルでもって力を集めていかなくてはいけないというのが、次に私の申し上げたいことです。

しかし最後に、これを日本人だけの作業にしては絶対にいけないと思うんです。これを世界に対して呼びかける。今までのところ、たとえば日米同盟の観点で米軍がいろいろ動いてくれた。原子力に関してはフランスも入ってきている。けれども、復興の段階で、世界の知恵、世界のアイディア、世界の技術、そういうものを被災地に入れていくというところまで、まだ考えてきてないと思うのです。でも、「二十一世紀文明の理想郷」にまでもっていくためには、日本はオープンにして、そういう世界の知恵を入れていくというプロセスが、私は絶対に必要なのではないかと思うのです。

復興への七つのポイント

増田さんがおっしゃった、喫緊の問題を解決するということが大前提です。そういう前提で、これからの復興のために私なりの七つのポイントを簡単に申し上げたいと思います。

第一に、あそこの産業——一次産業、二次産業、三次産業を含めて——をきちんと復活する。一部に、農業と漁業はだめじゃないかという声もあるようですが、とんでもない。それはあの方々の苦しみを救うということだけではなくて、これからの日本にとって一次産業は決定的に重要だと前から思っていましたので、それがちゃんと再興できなくて何ができるか。ただ復興の大きなやり方としては、最近、新聞に出ておりますが、「面」で新しいものを造っていくことだと思います。つまり農業地域、住宅地域、それから漁業地域と、新しく仕切りなおしていくこと、これが必要だろうと思います。

第二に、そこでつくり直すときの設計は、「自然との調和」です。菅総理が最初に復興のあいさつをされたときに、山を切り拓いて家を造る、と国会でいわれました。もちろんある程度、山を崩さなくてはいけないのですが、これは絶対に乱開発ということではなくて、新たに造る住宅地なり産業地域が、その自然を壊さない、自然と共存したものになるということが不可欠です。新しい地域ができて一〇年後に、たとえば外国人が来たときに、やっぱり日本人はすごい、これこそ「二十一世紀の理想郷」だと思う、その第一の要件は自然を大事にしているということだと思います。

三番目として、もう一つ大切にしなくてはいけないのは伝統文化です。おそらくたくさんのものが壊されてしまいましたが、それは手間ひまをかけてちゃんと造りなおす。そしてそれを新しい風景の焦点にしていく。たとえば、ホロコーストでワルシャワが完全に壊された。それをポーランド人は一つ一つ元通りに修復して、いまワルシャワは完全に元に戻っているんです。ポーランド人には伝統文化、伝統的なポーランドを大切にしようという心意気があるわけで、外国人が一〇年たって被災地を見たときに、伝統文化がまったくなくなってしまって、新しいものしかないというのでは、日本民族の心意気にならないと思うのです。

四番目に、大変重要なことだと思うのですが、住宅を造りなおすときに、その住宅同士が調和していること。あとで詳しく申し上げますが、私が大使をしておりましたオランダの一つのコンセプトは、「建物の外観は公共財」だということです。つまり家を造ったときに、家の中はみんな好きにやってください。しかし家の外はみんなのものなんだと。ですから、これからつくっていく村あるいは町が、全体として調和していること。左の家と右の家と真ん中の家とが調和しているような、そういうデザインを住民の意志と最高のセンスというものを合わせてつくっていくことです。

五番目には、さっき申し上げた、外の知恵を入れること。私に二、三アイディアがあるんですけれども、そういう自然と調和した風景をつくっていく長い経験は、どこにあるかというと、一番あるのはヨーロッパだと思います。もう一つ例をいえば、どうしてもまた堤防を造らなければいけないと思いますが、世界における堤防の最先進国はオランダです。オランダという国は国土の相当部分が海面より低くて、なおかつ国中に運河があって、そこに堤防が張り巡らされていて、しかしあれほど風景が目にやさしい国はない。どういう堤防を造ればそれが自然の風景と調和するか、学ぶことはたくさんあると思うんです。

六番目に、復興にはお金がかかるわけですが、そのお金がどこから出てくるのか。いろいろ財源の議論があって、われわれ一人ひとりが、震災の地をみんなで助けましょうというのはいいのですが、これから富を東北に集中しようとするときに何が起きるかというと、結局、北海道から九州に至る一人一人の日本人が、いままでよりもうちょっと働く。そしていままでより少し我慢する。

そしてそこで出てくる富を東北に集中する。日本人が一人一人その覚悟をもてば、富があそこに集中できないはずがないと思います。そのシステムはいろいろとある。たとえば増税とか、復興基金を作るとか、数年間の復興財源という特別のものを作るとか、消費税を上げるとか、いろいろな具体的な方法があります。しかし、要するにこの危機を立て直すためには、いままでと同じ働き方、同じ生活をしていたらだめだということだと思います。私の世代なら、新しい「臥薪嘗胆」をこれからしなくてはいけないと思います。

七番目に、原発の問題です。原発は軟着陸させなければいけない。いますぐ廃棄することはできない。けれども、この原発による垂れ流しを日本がはじめたということは、少なくともいまの時点で、世界のなかでどのぐらい日本のイメージ、日本ブランドを下げているか。これは本当に恐ろしいものがあると思います。原発を補完し何れはこれに代わる新しいエネルギーを、原発の被害を最もうけた日本がつくりだす。

「二〇年の漂流」と申し上げましたが、二〇年の漂流のなかでなお日本がつくりだしたのが「クールジャパン」です。クールジャパンのエッセンスは寿司、それからアニメです。ところが、一番成功していた寿司産業が、いま現在、成り立たなくなってしまった。日本がもっていた一番いいブランドが落ちてしまったわけです。それを立て直すということは、本当に並大抵のことではない。そのためには、元凶になった原発に日本がしがみついていたら、そのイメージは元に戻るはずがない。ですから、原発を軟着陸させつつ、新しいエネルギーを国家プロジェクトとしてやらなければいけないと思うんです。ここは私は必ずしもよくわからない分野なのですが、たとえば太陽光、あるいは核融合というところに日本が踏み込んで、本当に一生懸命やって世界を引っ張っていく。その可能性はないかということです。

結論です。一〇年後の東北に、日本のことを知らない人が突然来たときに、あそこの風景、自然、伝統、住居、産業、それからもちろんそこに住んでいる人たちの笑顔、その全体を見て、ああすごい、これが「二十一世紀の理想郷」だと思えるような日本がつくれるか。それから日本が、脱原発のなかで人類にたいして大きな貢献ができるようなエネルギーをつくれているか。この二つが一〇年後に実現できていれば、私は今度の禍を転じて福となして、日本民族は、今後の一〇年間、本当に活気に満ちて、かつ過去の二〇年よりはるかに世界に尊敬される民族になれると思います。

この試練は、逆にいうとそういう大きな機会だと思います。ただそこまで私たち自身が覚醒しているかというと、自信がありません。長くなりましたけれども、以上です。

日本の復興のモデルとしての「東北」

川勝平太

共同体を崩壊させる原発事故

東郷さんから禍を転じて福となす七つの柱を掲げていただきましたが、そのような視点をもって、現実を見つめなければなりません。

東日本大震災は、地震・津波・原発・電力喪失という複合的災害です。そこに原子力安全・保安院という国の機関の信頼性の喪失、電力会社の経営管理能力の不足、内閣の危機管理能力の欠如も明らかになりました。それらがあいまって風評被害もただならぬものになりました。日本の国全体の信頼性が問われている状況です。

東日本のうち岩手、宮城、福島の三県が大きく被災しましたが、大切なことは地域共同体の存在です。増田さんが地域共同体の絆の大切さを指摘されました。増田さんは岩手県知事時代の一二年間、県全域を歩き、その風土、文化、人々の生き方に通暁されている。地震・津波・原発の三つの災害のうち、地震と津波は地域共同体がしっかりしていれば克服できます。しかし、原発はそれが立地している地域の人びとを大地から切り離し、地域共同体を崩壊させました。原発災害は、これまで日本が経験してきた天災と根本的に違います。

まず先遣隊を派遣

全国知事会から、私が知事をつとめる静岡県は岩手県の救援を担当すべしという指示がきたのが三月十七日の午後。全国知事会の決定は遅かった。もっとも、十一日の発災当日から人命救助と支援物資のための医師・看護師、医薬品、水、食料、毛布等は送っていました。

県のスタッフを、いつ、どこに入れるかは、指揮系統が明確でなければ動かせません。阪神淡路大震災が直近の経験ですが、被災地にだれもが無秩序に救援に駆けつけて、混乱が増幅しました。陸路が遮断、建物が倒壊、人が埋まり瓦礫が散乱している中に、地理に不案内な人が駆けつけても混乱が増すだけです。貝原俊民さん（当時の兵庫県知事）の登庁が遅れ、指揮系統が明確にならないままの状態が続き、その結果、被害が大きくなり、六千人以上の人が死ぬことになった。大きな教訓です。
危機に際して、決定権限をもっている人がいます。中央政府とともに、地方政府のもっている力が大きい。地方政府の中で一番大きい権限・財源・人材も持っているのは都道府県です。その全国組織の全国知事会が緊急事態への初動がきわめて遅かった。もっと早く担当県を決められなかったのか。残念です。指示が来たのは七日目というのろさでしたから。私は全国知事会という組織に失望しています。

かつて増田さんは私を岩手県のアドバイザーにしてくださっていたので、私は岩手県の地理に明るいのです。そこで即座に救援拠点を遠野市に決めました。遠野を拠点に支援すると私が勝手に決めても、それが実現できるかどうかは当地の事情があります。最初に頼ったのは増田寛也さんです。増田さんからは遠野はわれわれの支援を歓迎するという返事がすぐに入り、翌十八日に県内の空港（富士山空港）から花巻空港へチャーター便の手配をし、先遣隊を十九日に

まず先遣隊を派遣

送りました。

静岡県は防災先進県です。一九七六年に東海地震説が出て以来、ほぼ一か月に一回ぐらい防災訓練をしています。東海地震がいつ来てもおかしくないという覚悟があり、臨戦態勢をとっています。民間も含めて危機管理意識が高い。県の民間の飛行機会社フジ・ドリーム・エアラインズ（FDA）の鈴木与平社長が「いつでも飛行機を使ってください」と申し出てくださり、遠野市の西にある花巻空港に即座に飛べる空の道を確保しました。

先遣隊を、現地の被災状況がわからないまま行かせたので、完全武装です。現地で、他人の世話にならず、自活でき、かつ救援活動のできるエリート部隊を送りました。岩手県は四国ほどの大きさのある広い県です。北上高地をはさんで、西に北上川、東に三陸海岸に分けられますが、遠野は両者の中間にあります。その東に釜石、釜石の北に大槌町と山田町、釜石の南に大船渡、陸前高田があり、いずれも遠野からほぼ五〇キロ圏内。つまり遠野は「扇の要」の位置にあるので、そこに決めたのです。

遠野市は、すでにそれらの市町と災害支援協定を結んでおられた。しかし市役所が全壊し、情報機器が使えず、助けようにも、自分たちがまず自立しなくてはいけないという状況でした。大槌町と山田町の救済に行けないので、そこに入ってくれと言われ、先遣隊は大槌町と山田町に入り、その状況を遠野市に伝え、遠野市が支援の戦略を立て、先遣隊が実行する。情報収集と、できる限りの支援を現場で実行しました。

本隊と共に現地へ

私は、先遣隊からの報告を受け、本格的に遠野に支援拠点をおくことに決めました。最初にすべきことがありました。大震災の二週間後に、私自身が本格的支援部隊二〇人余りとともに岩手県に入ったのです。何をおいても最初にするべきことは、指揮官の達増（拓也）岩手県知事に「指揮下に入る」と告げることでした。岩手県の指揮系統のもとで、その手足となって末端で働きたいとお伝えした。達増知事には、静岡県先遣隊が遠野に入っていることは伝えてあったので、彼は指揮系統図を私に見せ、よろしく頼むと言われた。こうして仁義を切り、指揮系統をはっきりさせなければ、思い切り働けません。その足で遠野市の本田（敏秋）市長のもとに向かいましたが、すでに先遣隊が働いており、本部隊の第一次救援隊が来たということで、雪のふりしきるなかで市長以下、みなさまが歓迎してくださり、第一次本隊の士気も上がりました。

第一次本隊が入る前、現地で何が必要かの報告を受けていました。自衛隊が瓦礫を片付けたとはいえ、道がまだ狭く、軽トラックが必要だという。軽トラック五台を本隊が入るときに持っていくことにし、本県のスズキ自動車会社の鈴木修社長に五台買うと電話したところ、五台どころか一〇台を無償で提供するといわれた。感激しました。浜松から持っていくと時間がかかるので、東北の支店から、土地勘のある者が運ぶことになり、その軽トラに積み込む必要物資は飛行機で花巻に運びました。すでに二週間がたっていて、被災者は、水やおむすびではなく、たとえば新鮮なレタス、果物、下着や靴下、日用品が必要とされていた。必要物資は日々刻々変わります。そのときに最も必要とされるものをトラックに積んで入らないと、無駄になります。

本隊は平均二十数名ずつ一週間ごとに交代します。救援物資に無駄はありません。いつも元気いっぱいで、すでに数百名のプロの救援隊が入って最前線で仕事をしています。救援活動が最初から軌道に乗せられたのは、最初に現場をご存じの増田さんのようなキーパーソンがいらしたからです。

コミュニティの力

岩手県は明治二十九年、昭和八年、昭和三十五年と三回、津波を経験し、その都度立ち直っています。日本人は昔から地震災害からは立ち直ってきました。地震や津波からは立ち直れます。ただ、三陸の津波の破壊力は想像を絶するもので、すさまじい光景でした。津波が襲ってきたところは一網打尽です。堤防も破壊され、人力でかなうものではない。

静岡県は温泉旅館が日本で一番多い。避難所で生活されている方々を、一人でも二人でも、もちろん数百人でも、いっしょにお連れして帰るつもりでしたが、「苦しみも悲しみも皆いっしょです」「いっしょに立ち直りたい」といわれる。強いコミュニティの絆があり、感動しました。これは復興の原点だと思いました。

それを実感し、私は岩手県は復興できると確信しています。同じ悲劇をくり返してはならないので、それを最もよく知っている岩手県の方たち自身に、復興の仕方について、よく考えていただきたい。

宮城県には、女川原発が海抜一四・八メートルのところに建てられたので、津波の難を逃れました。原発事故がおこったときには、三つの原則があります。まず「停める」、つぎに「冷やす」、そして「閉じ込める」です。女川は最初の停めることができて被害を最小限に食い止めました。宮城県も私は復興できると思う。

ところが、福島県は違います。原発事故は日本史上初めてです。当初、政府は福島第一原発から三キロ以内に避難命令、三キロから一〇キロは自宅待機を命じた。今では二〇キロ以内が警戒区域で立ち入り禁止。共同体が大地から切り離されました。東北三県の被災地で、共同体が残りえたところと、失われたところとでは、大きな違いです。福島の原発周辺地域では復旧すらあやうい。

この震災は静岡県にとって他人事ではありません。静岡県にはリアス式海岸の伊豆半島があり、海岸線は五〇五キロで、津波に襲われたこともあり、また起こりうる。また、東海・東南海・南海地震が三連動で起こりうる。東海地震のマグニチュードは八・〇、東海・東南海が連動すれば八・四、それに南海が連動すれば八・七です。東海地震を想定して訓練してきました。また、浜岡原発があります。さらに、活火山である富士山があります。災害条件がすべてそろっています。

訓練はつねに本番のつもりです。それがいま生かされています。救援活動は同時に防災力を高める学習でもあります。静岡県では防災力を高めるつもりで救援に従事しています。東北の復興は、静岡のような他の地域を含めて日本の復興のモデルになりうる。われわれは東日本大震災をわが事ととらえ、復興に全面的に協力し、われわれにとっての新しい地域づくりの指針にします。

討論

防災拠点としての遠野

司会　どうもありがとうございました。これから討論に移りたいと思いますが、いま川勝さんのほうから、増田前岩手県知事にまずご連絡をされて、遠野に支援拠点をつくったというお話がありましたので、まず増田さんから少し補足をお願いできますか。

増田　まず一つは岩手県での遠野市の位置づけですが、ここは内陸の交通の要所です。さすが川勝さんは私が岩手県の知事のときにアドバイザーをお願いして、本当にご無理を押して岩手を歩いていただいたので良くご存じですが、沿岸の諸都市のちょうど扇の要で、花巻空港からも高速道路で至近距離にある。ですから沿岸の災害のときの内陸の補給拠点のような役割です。自衛隊も従来から沿岸で災害があるときには、必ず遠野に補給基地を設けて部隊を展開していました。県の防災計画でも、自衛隊は遠野に補給拠点を展開することになっています。今回は、静岡県という他県の皆さん方がそこを使っているというのが非常に大きな特色です。

巨大津波災害で徹底的に生活が破壊されたわけですが、さきほども何度か出ていた、共同体（コミュニティ）としての強さで危機を乗り切ろうということで、現地の被災者は本当に寒いなか、お互いに食べ物なども融通しあって助け合ってきた。これは昔からそもそも生活がそういうお互いに助け合うことで成り立ってきた地域ですから、コミュニティとしての強さがこういう場合に最もよく出てきたと思います。合わせて、自治体間での横のつながりという点では、川勝さんは全国知事会の取り組みが遅かったと言われましたが、たしかにもっと早くからやればなお良かったと思うものの、それにしても阪神淡路大震災当時と比較すればお互いによく協力するようになってきたと思います。

「減災」の重要性

増田　自然災害に再三見舞われてきた地域では、『広辞苑』には出てこないのですが、「減災」という言葉をよく使うんです。たしかに基本は災害を防ぐ「防災」なんですけれども、自然災害というのは人間の知識をはるかに超えるものが必ずくるわけで、被害をゼロにはできない。しかし限りなくゼロに近づけるように災害を減らすという意味で、防災関係者は「減災」ということをよくいうんです。で、私も沿岸地域で、住民の皆様方と会議を開くときには、「減災」をくり返しいってきました。ハザードマップには、避難場所などが記載されているんですが、それは一定の前提の下で自然災害が起きた場合のものであって、前提以上のものが起きたときはもっと違う逃げ方をしなくてはいけないということを言ってきたわけです。

これまでも災害を可能な限りゼロにするために一生懸命努力してきたのですが、その考え方は、防潮堤とか防波堤といった波を抑える構造物を造ったうえで、最後は必ず高所避難なんです。構造物で何秒か何十秒か波を抑えているあいだに、必死になってみんな高いところに逃げる。ですからくり返しくり返し避難の訓練をしてきた。昭和八年の昭和三陸大津波は、じつは三月三日なんです。その頃には、沿岸の市町村はみんな必ず避難訓練をする。今回の地震は三月十一日でしたから、ちょうどその一週間前ぐらいにどこの市町村も訓練をしていました。ところが、冬場の寒い時期ですから、訓練への参加があまりよくないのも事実です。

今回大変痛ましかったことがあります。防災計画は市町村で決めるんですけれども、明治二十九年や昭和八年の地震はマグニチュード八・三程度です。ですからマグニチュード八・五クラスの地震が発生したことを前提に防災計画を作ってあるので、今回、避難場所に決めてあったところに皆さんが避難してきた、その避難場所が津波に襲われたとか、浸水しないとされていたところが浸水したといったことがありました。防災計画はマグニチュード八・五程度を前提として作成してあっても、それ以上の地震が発生するかもしれないので、どんな地震であってもすぐに高所に逃げるということではあったんですが、逃げる前に印鑑とか通帳を取りに自宅に戻った時に襲われているとか。津波の第一波はすぐにきますけれども、第二波がくるのは今回もそうでしたが三〇分ぐらい後で、第二波以降くり返しくり返し非常に高い波がくるんです。今回も第一波はひたひたと静かな波がきて、一部は浸かっているんですが、あまりたいしたことはなかったんです。従来はそれで終わることが多かったのですが、今回はその後から凶暴な真っ黒い波がきた。

今後もう二度と被害がないようにということを目指す基本は、やはり「減災」です。巨大津波を人間が押え込むということは自然にたいしてあまりにも恐れ多い話であって、堤防などの構造物だけに頼るのでなく高所避難、それから防災教育が重要なんです。群馬大学の片田敏孝先生は防災教育で非常に有名な方ですが、小学生、中学生にたいしてこの方が徹底的に防災教育をした岩手県の釜石市は、今回も地震の揺れと同時に中学生が隣の小学校の子供たちの手を取って、子供たちの判断で高所に逃げて、一人も犠牲になっていないんです。子供たちは大事な教科書やランドセルも置いたままで、とにかく揺れがあったら逃げろといわれているので、それを忠実に守って逃げた。実は、親が学校に迎えに来て返したお子さんだけが、犠牲になってしまった。これは片田先生にとって泣く思いだったようですが……。ですから防災教育を徹底してやっていかなければならない。

基礎自治体の徹底破壊の影響

増田　それから、非常にコミュニティとしての力は強かったのですが、行政の機能が完全に破壊された市町村があったということです。基礎自治体（市町村）が復旧やその後の生活支援に向けての拠点になる、町役場とか市役所が打撃を受ける可能性はあるけれども――今回も、遠野市役所は市庁舎が崩壊しました――、しかしそこが復旧の拠点になる、これまでは、こうした前提に立っていたんです。残念ながら今回は岩手県大槌町の役場が津波でまともにやられて、町長が亡くなって、職員も四分の一以上が死亡又は行方不明、課長も八人のうち七人が欠けてしまった。その隣の山田町も、役場がほぼ壊滅になっている。南の陸前高田市も市役所がぼろぼろに壊されている。そして宮城県の南三陸町は役場が跡形もないんですが、堅牢に立っていた隣の防災対策庁舎までもが壊されて、最後まで住民に避難を呼びかけるアナウンスをしていた職員の女性も――まもなく結婚するという女性――も流されて死亡、そして町長は屋上の手すりにかろうじて引っかかって助かった。

行政の機能がここまで徹底的に破壊されたとき、どういう影響が出てくるか。

戸籍も住民基本台帳も流され、それからすべての契約書類も条例も跡形もない。なんとか戸籍は一年前のコピーが法務局にあったので、そこまでは復元できるけれど、その後の結婚などによる移動は、人の申告で直さざるをえない。それから住民基本台帳も、住基ネットを通じてかろうじてコピーがありましたけれども、課税台帳の公図がまったくなくなったのでもう一回測量するのかどうか。登記簿についている図で復活させようとしても、あれは実測とかなり違っているんです。

基礎自治体がもっている基本的な情報が、ここまで大量になくなったのは、敗戦の時を除くとおそらく初めてなんです。そのことが安否確認を非常に遅らせた原因にもなっていて、いまだに最終的な死者・行方不明者の総数が確定しないということにつながっています。現地の市町村長がよくいうのですが、ゼロからの再建どころかマイナスからの再建で、そういう行政情報が戻ったところでやっとゼロになって、それから少しずつ前に向いて進んでいこうということです。しかし、米国でのハリケーンカトリーナの時のような略奪もない、便乗値上げもないというのは、日本人の民度の高さであり規律の正しさゆえだと思うんですが、基礎自治体のもっている力の強さということでもあったと思います。

今後、基礎自治体の機能を再建するには、とにかく他市町村や他県の力をいろいろお借りしないとできない。四分の一も職員がいなくなって、それをすぐ新規に採用して元に戻すというのは無理です。だからこれは他市町村の力を借りるしかない。職員たちが真っ先に取り組むべきは、今はとにかく、被災者の生活支援、まず被災者がやれる仕事をつくりだすことです。ケインズ理論ではないけれども、瓦礫の処理でもなんでもいいから仕事をつくりだして、その対価としてのお金を渡して生活をしてもらう。避難所の女性たちが集まって、みんなの衣類を洗濯しているんです。だったら、それも公的な仕事だということでお金を払ったらいいのではないか。瓦礫の処理だと男性だけだから。私はそういうことをいっているんです。悩み事の相談を受けることも立派な仕事です。それで気が休まり、安心する人がいるわけですから。被災者の人たち同士でやっていることも、仕事としてお金を払ったらいいいんじゃないか。まだ現状はそこまではいっていない。

そんなことをしてでも被災者の生活を支えるということを一方でやると同時に、他方で、なんとしても壊滅状態の第一次産業、水産業を再建しないといけない。それから岩手県の被災地にはそんなに農地はありませんが、宮城県は仙台平野に優良な農地がいっぱいあって、そこがいま水浸しになっている。そこの農業も絶対に再建する。もちろん二次産業、三次産業も大事ですが、やはり沿岸では一次産業が一番の生業の仕事であって、陸に上がったら漁師さんたちは生きていけません。ですから必ず水産業と農業は再建させる。漁船の九七パーセントが全部流されてしまって、漁具もないんです。でも、ありがたいことに、さっそく焼津の漁師さんたちが、古いけれど余っている船を三陸に回してもいいよとか、全国の漁協からもいろんな申し出がある。造船所もやられていて、なんとか少しずつ修復しようとしているのですが、当面、二、三年はまったく船がない。西日本とか、あるいは韓国や台湾からも、とにかく古いものでも譲ってもらったらどうか。いま岩手県では、県漁連（漁業協同組合連合会）や全漁連を通じて少しずつ手配をしているようです。

まず、仕事をつくる

増田　もう一度繰り返しますが、とにかくまずは、ケインズ流になんでもいいから仕事をつくりだす。と同時に、本格的な復興に向けては、まず第一次産業からです。水産関連業では、加工場の中心である石巻市、気仙沼市――これは宮城県ですが――の大きな冷凍施設もやられたんですが、ここには一企業で七〇〇人、八〇〇〇人を雇用する大企業もあるんです。こういうところに低金利で長い返済期間のお金を用意して、製氷や冷凍施設とか加工の機械を復旧していく。それでも一年、二年かかると思うんです。

その会社は、従業員を解雇すれば失業手当をもらえる——普通は、全く仕事ができないので、泣く泣く解雇する——のですが、解雇するには忍びない、というので、わざわざ会社も負担金を払って、国の雇用調整助成金を活用して雇用を継続している。こういう頑張っている企業が支えていることが三陸の水産業の元気の元でして、石巻も、気仙沼も、人口の七割が水産業かその関連業なんです。

だから私は、まず水産業を必ず再建させることを急ぐべきと思います。全国から船も漁具も集めて——海の人たちは、昔からお互いに気持ちがわかるせいか、続々と提供の申し出があるんです——、浜の活気を取り戻す。

漁業と農業に少し明るさが見えてくると、三陸の雰囲気ががらっと変わるんです。阪神淡路大震災に比べてこうした点がすごく遅れているので心配しているのですが、関係者の努力に期待したいですね。

復興に向けた体制とは

司会 ありがとうございます。いま増田さんから、復興に向けた具体的な提案をいただきました。一九二三(大正十二)年の関東大震災の時は、地震が発生した九月一日には内閣空位の状況でしたが、九月二日に後藤新平が山本権兵衛から内務大臣就任の打診を受けて、それですぐに「帝都復興院」を立案し、その二日後には発表されています。

今回も、被害にあった三県の首長の方々からも、東北復興院をつくろうという発言が新聞などで見られます。また国は知識人を集めて「東日本大震災復興構想会議」を始動しました。

復興には、その地域、地方自治体が軸にならなければいけないというご発言もありましたが、まずそのかたちをどうつくっていくか。そのあたりをお聞かせいただければありがたいと思います。

川勝　一九二三年九月一日の昼におこった関東大震災は、火災が続いて、死者が一〇万人、行方不明者が五万人という大被害をもたらしました。しかし、震災当日の午後に、それまで入閣を迷っていた後藤新平が、山本権兵衛内閣に入ると決断しました。後藤新平は東京市長の経験をふまえた帝都の将来イメージがあった。チャールズ・ビーアド（ニューヨーク市政調査会専務理事）にすぐ打電し、国際的知見も得たいと協力を仰いだ。復興案はなんと三日目にできあがり、あとはそれを現場に下ろしていくことが課題でした。電光石火とは後藤新平のごとき仕事の仕方をいうのでしょう。

関東大震災は、首都の大惨事でしたから、将来を考えて遷都がいいという、それなりにもっともな議論が出てきた。後藤新平は、当時の摂政の皇太子裕仁親王（昭和天皇）の詔勅を出し、遷都はしない、国家事業として新都をつくる、そして、欧米に堂々と並ぶ新しい帝国の顔をつくるという、帝都復興三原則を出した。これは摂政裕仁殿下によって権威づけることで、議論のための議論で時間の空費をしりぞけ、即実行に道を開いたもので、背景には後藤新平がいた。

今回もそれに倣った議論もあります。政府がモデルにしているのは一九九五年一月十七日の阪神淡路大震災後、下河辺淳さんを委員長とし、兵庫県知事（当時）の貝原俊民さんのほか有識者でつくられた復興委員会です。それを今回は「復興構想会議」でやろうとしている。私は、神戸の復興は市民の力が主で、国の貢献度は低かったと思います。阪神淡路大震災後の復興委員会ではなく、見習うべきは、後藤新平的な発想です。つまり、内閣のトップが国難に立ち向かう復興構想を出して、実行に移すことです。そうせずに復興構想会議に丸投げした。百家争鳴で、それをまとめても総花的になることは、目に見えています。

一九二三年という時代、日本は軍事的には列強の一つになりましたが、英米からは対等とはみなされていなかった。日本は戦後にアメリカに並ぶまで自他共に認める最先進国ではなかった。当時は、帝都を近代日本にふさわしい形にするという後藤の思いには、そういう日本の世界史的位置が背景にあった。しかし、いまの平成日本の東京は先進国の首都にふさわしくなっています。

後藤新平の、遷都はしない、土地は政府が買い上げる、そして新しい都市計画に基づいて新都をつくる、という発想の大きさは、現代に活かせます。どうしたらいいか。

基礎自治体の受けたショック

川勝　三県で事情が違うと言いました。私は岩手県の大槌町に行きました。町長さんが流され、副町長さんはうなだれていた。人手に困られており、物資の配給など、われわれの部隊が行政の手伝いをしていますが、基礎自治体がだめになると、いかに復興にとってマイナスかは一目瞭然でした。

山田町は、沼崎（喜一）町長が五〇年前のチリ沖の大津波で家を流された経験があり、再びそういうことがないように防波堤建設に一生を捧げてこられた。世界に冠たる防波堤として、内外から見学が絶えなかった。さきほど増田さんがいわれましたように、庁舎は高台に造ったのに、一階が津波にやられ、車が流され、足がない。町長の家も流された。お目にかかったとき、町長は、このショックをどう表現したらいいいか、自分は一体これまで何をしてきたのかと思う、といわれていました。自分の復興計画を全部津波でやられてしまった無念さに、うちひしがれていた。

このように、役場が破壊されたり、自信をなくされた町長さんにお目にかかったのですが、私はそれでもなお大槌町も山田町も立ち直りうると確信しています。漁業では、本県の焼津とか清水とか、その他日本の漁業関係者が協力している。三陸の大津波は今回が初めてではなく、遠くは平安時代の貞観の大津波から記録があり、そうした経験知を生かして、どうしたらいいかを考えられるでしょう。

福島の厳しい状況

川勝　ただ、日本の第一次産品が売れない。どうしてか。福島第一原発から漏れ出ている放射能の影響です。放射能漏れが食い止められるのか、原子炉を冷却できるのか、冷却が回復して元に戻せるのか、危機的状況が続いています。それがすさまじい風評被害を生んでいます。

岩手、宮城は数年で一次産業は回復できるでしょうが、福島は復興までの年数にゼロがもう一つつく可能性が高いぐらい、きびしい。福島をどう救うのか。基礎自治体だけでは無理です。国がコミットしなければならない。国がコミットする以上、国家的事業として、国づくりと、原発事故でやられた福島県の人びとを救うこととを合わせた計画でないといけません。本県のような原発をかかえている県へのメッセージ性もなければならない。日本に突きつけられているのは、地震・津波災害からの復興にもまして、放射能で汚染された福島の復興です。国際的に桁違いの、日本にたいする懸念を惹起するにいたったのは放射能漏れの原発事故だからです。

福島への「希望」

川勝　この状況のなかで開催された復興構想会議で当初、政府は「原発問題は議論してもらわなくていい」と言って批判されました。阪神淡路大震災などと、今度の大震災が違うのは、放射能問題です。風評被害も含めて、首都圏も含めて、原発事故の放射能漏れのために、海外が一次産品を買ってくれない。国家的な問題です。

津波による破壊の惨状は凄まじいのですが、その経験を日本はしており、そこからは立ち直れます。しかし放射能はどうか。それをこそ考えなくてはいけないのが復興構想会議の最大の課題のはずです。会議の顧問として招かれた梅原猛さんが一回目の会議で「これは『文明災』だ。文明災の最たるものは放射能漏れであり、これはかつて経験したことのない大惨事だ。これを考えないというのはおかしい。失望した」と言われたのは当然です。福島県の方々に最高の希望を与えて、かつ日本、とくに東北に希望をもたらす構想を出さないといけない。そうしますと、そんなにたくさんの選択肢はない。

日本の歴史において、大震災は何回かありました。その都度、大きな社会変革がおこっています。一九二三年の関東大震災では、「帝都復興」で今日の大東京の基が築かれました。江戸末期には安政の大震災があり、藤田東湖らが圧死したわけですが、その一〇年余り後には、江戸時代から明治時代に変わり、日本は近代社会に衣替えした。

さらにいえば、遠い昔ですが、一一八五年、『方丈記』にものすごい地震と津波の描写があります。そのさわりを読んでみましょう。

「おびただしく大地震（おおなゐ）ふること侍りき　そのさま　世の常ならず　山は崩れて河を埋み　海は傾きて　陸地をひたせり　土裂けて水湧き出で　巌割れて谷にまろび入る　なぎさ漕ぐ船は波にただよひ　道行く馬はあしの立ちどをまどはす　都のほとりには　在在所所　堂舎塔廟　一つとして全からず　或はくづれ　或はたふれぬ　塵灰たちのぼりて　盛りなる煙の如し　地の動き家のやぶるる音　雷（いかづち）にことならず　家の内にをれば　忽ちにひしげなんとす　走り出づれば　地割れ裂く」

これは一一八五年、平安末期の地震・津波の惨状を鴨長明が描いたものですが、この後、政情が乱れ、平家が滅び、鎌倉に新しい日本の首都機能がつくられた。いま東京は、直接的な被害こそありませんが、電力の喪失を通して被害を受けています。これは東郷さんの言葉を借りれば、日本改造への天からの一つの警報です。

首都機能移転の可能性

川勝　プレートテクトニクスで、プレートのずれが生じて地震が生じます。日本列島には太平洋プレート、フィリピン海プレート、北米プレート、ユーラシアプレートが重なり合っている。それらのプレートの境界から一番遠いところが、福島県の阿武隈、栃木県の那須野が原のあたりです。そこは、北米プレート、フィリピン海プレート、ユーラシアプレートから等距離に遠く、地震が起こりにくいのです。

一九九〇年、衆参の国会議員が全会一致で、首都機能がスケール・メリットよりもデメリットが大きくなりかねないので、過密・一極集中の解消や、防災を実現するために、日本で一番いいところを探そうということを決めて、法律を設けて調査委員会を立ち上げ、一〇年ほどかけて那須野が原を第一候補に選んだという経緯があります。栃木県と福島県の県境です。そこに九千ヘクタールぐらいの土地がある。

そこは地主がほとんどいない。なぜかというと、伏流水になっており水が得られなかったので、江戸時代は入会地だったからです。その土地が空いているということで、明治の華族が買いました。ヨーロッパの貴族は地主ですが、近代日本の華族はヨーロッパの貴族の真似をして土地を持とうということで求めたのです。江戸時代の武士は土地を所有せず、俸禄で生活していました。地租改正で土地所有者を決めましたが、所有者は農民でした。土地を買った華族のなかで一番大きな土地を持ったのは松方正義。大正天皇が近くに御用邸を設けられ、そこは今は公園になっています。そこが狭いということで、昭和天皇が広大な那須の御用邸を設けられた。華族たちは疎水を造り、立派な大農園になった。地主がほとんどいない、広い、緑豊かで、地震が起こりにくい。そして東北の森への入口です。あらゆる学識を駆使し、日本における最高の場所、日本のつぎの顔になるところは、那須野が原だと選んだのです。近くの須賀川市に福島空港があります。土地の取得は容易で、景観は美しい。東京からの距離も一四〇キロ余り。首都機能移転の候補地として、そこが一番いいという答申を二〇世紀末の一九九九年十二月に出しています。

それは国会等移転審議会の最終報告書です。あとはその決定だけで、国会議員の仕事だったのですが、議員諸氏は、総論賛成で各論でバラバラになり、三年間、衆議院特別委員会で、委員長が交替したりして、最後は「決められない」ということを決めて宙ぶらりんになっています。しかし、まだ答申は生きています。

帝都建設の夢を後藤新平はもっていた。立派な東京市にしてみせる、帝国にふさわしい首都にしてみせる心意気があった。まずは街路が先で、家屋は後だという——これは防災にも交通にも大事なことですが——ビーアドのアドバイスを受け、後藤新平は明確な計画をもっていた。今の日本に、それができる場所があるのです。

新しい「日本の顔」をつくる

川勝　一九九〇年から足掛け一〇年かけたものです。衆参両院で国会議員が首都機能、立法・行政・司法の機能を移すと決め、一〇年がかりの調査をして選んだ場所があるのです。そこを国がすべて買い取り、そこに福島県で居場所をうばわれた人たちを招いて、みずからの伝統を復活させたり、自分たちの原風景を再現させる。それは日本全体の顔になる場所です。日本の新しい顔として、東北の人々が培った、あるいは東北が残してきた最良のものを、最先端の東京の技術、情報、人材を総動員して、新日本の顔として建設できる。

石原都知事が、かつて、今の東京は最も住みいいところだ、世界で最高に安全で安心で美しい快適なところだとおっしゃっていた。それは電力、食料、地方の優秀な青年も東京大学を出て東京で仕事をした。東北からいただいていたものを、いま、私は東北に返すべきときがきたと思う。東京生まれ、東京育ちの増田さんが、両親の故郷の岩手県の知事になり、東京で学んだことを向こうで生かすにはどうしたらいいかと考えてこられたようにです。

いま、まさに東北の玄関口に場所まで特定されているのです。日本各地の他の地域と比較考量されて、選ばれたのが那須野が原であり、首都機能の筆頭移転候補地です。三つほど候補地があった。ひとつは東濃で、岐阜県と愛知県の狭間です。もう一つは甲賀の里で、滋賀県と三重県の境です。三候補地のなかで、圧倒的に筆頭とされたのが那須野が原です。そこに九千ヘクタール、だいたい最大で六〇万人ぐらいの都市がちょうどいいという意見がすでに出ている。しかし第一次計画としては三〇万人ぐらいの都市計画です。

二万数千世帯の人たちが二〇キロ圏内の警戒区域になって、そこからの退去命令が出た。その人たちは一世帯三人としても八万人ほどいらっしゃる。その人たちに、すぐ近くの場所で、たんに空いているところではなく、日本の新しい顔になりうる場所に移っていただく。それは、一番弱っている人にたいして、国として最大のプレゼントではないかと思います。

東北復興院

川勝　もう一つは東北復興院です。かつて北海道の奥尻島が津波にやられた。今回の津波でも、函館で一人が死に、襟裳岬の東側まで津波が襲っています。北海道と東北とは、日本の食糧基地、人材供給源、原料供給源であり、首都東京を支えてきました。復興について、増田さんがあちこちで書かれていますが、東北人が中心になって復興案を自ら書くのがよい。そのリーダーシップの取り方も、知事レベルではまとまりにくい。むしろたとえば元総務大臣の増田さんあたりが、北東北三県で「陸奥の国」をつくろうとか、東日本の雄として全国知事会の会長候補に担がれたことがあるので、十分に資格がある。

阪神淡路大震災の復興委員会の意見で、まともだと思ったのは、ライフラインの強化ぐらいです。ただ、そんなことなら小学生でもいえます。委員長の下河辺さんに、「あなた、国土計画をいままで四回もつくってきて、この程度の復興案か」と。これは天災だけではなくて人災でもあり、万死に値すると、目の前で言いました（笑）。それぐらい失望していました。復興構想会議を設けるのはいいんですが、一体、阪神大震災から何を学び、その結果の評価もなしに、会議に丸投げされているのは日本のために残念です。

東北全体を日本の顔に

東郷　いまの川勝さんのお話、本当にありがとうございました。私から付け加える点はほとんどないんですが、ちょっとニュアンスの違うところが一、ただ私は、二点ありますので、それを申し上げたいと思います。

那須野が原を日本の顔にすると、これはすばらしいと思うんです。ただ私は、川勝さんが復興ができるとおっしゃった岩手県と宮城県、これも日本の顔にしなくてはいけないと思います。その二つを日本の顔にすると同時に、一番どうにも手の打てない福島県の一番苦しんでいる方たちに那須野が原に来ていただいて、全体をもって日本の顔にする。

なぜかといいますと、川勝さんは、関東大震災の時の日本はまだ開発途上国だったから世界に並ぶ帝都の顔をつくる必要があったが、いま日本はだいぶ発展して、日本全体としては世界に並ぶ場所になってきてるとおっしゃったんですが、そこは本当にそうかなと思います。石原知事が東京はいいところだとおっしゃったと、私は寡聞にしてそれは聞いていません。私が聞いている石原知事の発言は、東京都庁の彼の部屋に二枚の写真がある。一つはいまの知事室から見える新宿あたりの写真。もう一つはその同じ場所を江戸時代に撮った写真。

江戸時代の写真は本当に美しい。富士山が向こうに見えてね。それで知事が『産経』に毎月書かれておられるコラムで、この二つの写真を見て、いまの東京は反吐が出る、と。どうして日本人は江戸時代にもっていたあの美しいセンスをこんなに失ってしまったのかというご意見でした。

しかし、戦後の日本は壊滅した状況の中から一生懸命働いてきて、少なくとも昭和の時代まではおおむね成功してきたと思う。しかしこの平成の二〇年間、国の目標がなくなってしまった結果、たとえば東京の状況、それから日本全国の都市の状況をみたときに、本当に日本が文明の到達点だと誇れるような場所をつくってくることができたか。できていないと思うんです。であるがゆえに、今度の東北と、川勝さんのおっしゃった那須野が原を合わせて、本当に「文明の到達点」だといえるような場所をつくれるチャンスをもったんだと思います。ただ、そのためにどうするかということは本当に考えてやらないと、ある程度のところまでで止まってってしまう。

同じように、岩手県ご自身にしても宮城県ご自身にしても、これからつくる場所が「文明の到達点」たりうるかということを考えながらやっていただけないかというのが、私の希望です。それをどうやってつくるかというときに、東北復興院なのか今の復興構想会議なのか、どこがどう受ければいいかということはよくわかりません。ただ一つ、今日のお話をうかがって、そして以前からそう思っているんですが、日本は明らかに「地方の時代」になりつつある。ですから増田さんがいわれたように、復興は共同体なくしてはできないことはもう明らかで、共同体を生かしていくその力が一番どこにあるかというと、私も県レベルではないかなと思っておりました。

そのレベルからの発信がちゃんとできるようなものでないと、中央からこれをやれといっても、絶対にうまくいかない。増田さんのような、あるいは川勝さんのような、地方に入っている方が、そういう地方の共同体の意思をうまく引き出していただくということしか方法はないと思います。

東北六県が復興の絵を描く

増田　菅さんは三月の記者会見で、この危機は戦後最大の危機とご自分で言ったわけです。複合危機であり戦後最大の危機だから、前例のない取り組みをするということをその時に言った。前例のない、前例を超えてもっと本質に迫った取り組みをするといったのですが、その後の動きをみていると、前例に倣うというのはどうも阪神淡路大震災に倣っている。しかも前例を超える所までいってないというのが現状だと私は思います。それでは絶対によくならない。いままで「失われた一〇年」「失われた二〇年」といわれてきているときに、こうした大震災が起こって、局面をがらっと変えなければならないと思ったから、たぶん前例のない取り組みをするといったんだろうと思ったんですが、その後の総理を見ているとその覚悟も、それから気構えもない。

しかし、ここでそういうことをいっても仕方がないことであって、とにかく危機を乗り越えていかなくてはいけないのですが、その原動力は住民です。そして、復興の過程では個々人の居住選択だとか職業選択まで問う話になりますから、今日まで日本が築いてきた民主的プロセスを踏まえれば、最後に住民が復興の絵を描かなければいけない。これはもう明らかなことです。しかも「住民」といったときに、今回被災したところは青森の八戸側、それから岩手、それからが被害が一番大きい宮城、そして、いまだに被害がさらに拡大傾向にある福島となりますが、被災した東北四県だけで絵を描いたのでは、私はだめだと思う。秋田と山形も入れて、東北六県で絵を描かないといけない。東北というのは、もっとお互いに機能を分担しあうべきであり、しかし全体とすれば六県を一つの地域国家のように把えるべきだと思います。

地域ごとにそれぞれ事情は違いますが、しかし東北という一つの地域国家のなかで、冷害の苦しみだとか、津波災害——これは過去には日本海側もあったわけです――の苦しみといったことを全部享受しながら、いままで忍耐強く歴史をつくりあげてきたのです。古くは平安京の時代に坂上田村麻呂が東北の地を征伐していったわけですが、その時蝦夷は東北全域を非常に広域に動きまわっていたわけです。ですから私は、今回の復興の絵というのは各県ごとでなくて、東北六県で一つの絵を描かなければいけない。それができなければ、これは地元側の責任が問われると思います。

いずれにしても東北六県で描く絵のなかには、官民のみならず国際的な英知もすべて集めて、東北を立て直す非常に大きなスケールのものを描かなくてはいけない。そしてそれに対して国が最大の後押しをするということでなくては、この復興は進まない。その実行組織として「東北復興院」というものを私もほしいと思うのです。

「丸投げ」では復興はできない

増田　今述べた大きな絵を描くには、国家としての大方針というのは必ずなければならない。いみじくもさきほど川勝さんからご披露があったとおり、関東大震災の翌日、後藤新平は覚悟を決めて内務大臣として入閣し、その晩に、ただちに家に帰って筆を取って、例の有名な四項目から成る復興の大方針を書いたわけです。今回の復興構想会議も、委員一人ひとりは大変立派な方であり、みんな責任感をもって会議に参加したと思うんです。東北のみならず、日本のつくり直しに、なんとか協力していきたいという思いだったと思うわけですが、その会議に丸投げのような形で、総理が、あとはみんなでやってくれではいけない。国としての悲壮な覚悟とか決意も含めた大方針を総理が示して、それを受けて英知を集めた復興構想会議でなければいけない。私は復興構想会議という諮問機関ではなくて、本来であれば、現地に、東北復興院という前例のない実施機関をつくって、それでやらなければいけないと思います。しかし、復興構想会議なのか東北復興院なのかというのは、いずれにしても国サイドの動きです。いま一番大事なのは、東北六県の英知を集めて、国を超えたスケールの大きな絵を一つ一つ地元が描いていかなければいけませんし、そこは地元の力が試されていると思います。

そのときの基本となる考え方は、一言でいえば、「共助」、お互い地域は全部支え合っているということです。東北は出稼ぎ、水、電気、みんな東京に送っているという歴史があり、それを「搾取」という表現をする人もいますけれども、一方で、逆に東京の大きなマーケットに依存しているわけで、お互いの支え合いのなかで国ができあがっている。でも、その図はなかなか見えなくて、東京の多くの人たちには今回初めて、福島から電力が来てるんだということがわかったのかもしれません。が、この関係をわかってもらうのは非常に重要で、そのうえでお互いに協力しあうという、そこが基本ではないかと思います。

原発のことは福島で決める

増田 女川原発は宮城県にあります。今回はうまく停止しましたけれども、女川原発は東北電力のもので、東北にとって自分たちが使う電力をつくっているんです。だから女川原発に対しての宮城県民、あるいは東北人の見方というのは、福島原発とはちょっと違うと思います。福島原発による電力は、立地している双葉町にも大熊町にも供給されなくて、全部東京に送られている。その代わり、原発立地を受入れた見返りとして金をじゃぶじゃぶともらったし、雇用もうんと拡大したけれども、現在福島原発で決死の覚悟で働いている人たちはみんな地元の、二次、三次の下請けの人たちです。提供された雇用というのは、結局そういうものなんです。

だから私は、今回のことでどうしても違和感を持つのは、福島原発に注水したり、警戒区域を決めたりしているのはみんな東京で判断しているんだけれど、私はあれだけの被害をもたらしている原発を制御するための決定は、福島の現場で、例えば福島県庁で行われるようにしないと、福島県民など原発で被害を受けた人たちは納得しないと思います。いまお話があったように、福島原発の被災はどんどん拡大していっているので、むずかしさは確かにありますけれども、東北の六県の知事が一つの絵を描くというのは、それだけ大きな意味がある。これからの日本の作り換えにつながるような大きな絵を描いた上で九州や沖縄の人たちも含めて、日本全体からそれを後押ししてもらわないとだめなんです。東北の復興を描いた絵が、日本全体にとってプラスになるというものがないと認められないと思います。

そして、この東北の復興は、最後は東北人の力でやらなければいかんと思います。国がいろいろ後押しするにしても、最後は自分たちでやっていかなければいけないという覚悟が必要です。

非情な決断も求められる

司会 東北六県で絵を描くというのは、東北六県の各県知事がリーダーとして、ということですか。

増田 居住選択とか職業選択というのは、市町村がきめ細かく住民の意見を汲み上げて案を作るべきです。ところが今回は市町村が完全に打撃を受けて、一種の機能停止となっているところなんです。だからいままで以上に県の役割が重い。県知事というのは、地元の市町村長と協力しあったり、反発し合ったり、実際にはいろいろあります。しかしざっくりいうと、地元の市町村長は、そこの住民に寄り添わないと地域で生きていけない。住民と完全に対立すれば仕事ができませんから、やはり住民サイドに立っていろいろなことをいいます。

居住選択として集落を高台に移すといった辛い決断を、最後は市町村長が腹を決めてやらなくてはいけないのですが、そうはいっても、住民に非常に近い立場であるため、住民の意見を尊重する姿勢をとります。

ただ、大震災のような完全な作り換えの場合には、住民に寄り添うことが大事だけれど、一方で復興のある時期からは、リーダーとして、二〇年、三〇年、五〇年先を見て、いまやっておけば後年によろこばれるという非情な決断をしなくてはいけないことも出てくる。それができるのは知事しかいないと思います。岩手県大船渡市の吉浜（旧吉浜村）というところですが、明治二十九年と昭和八年の大津波で大被害を受けたので、そのつど少しずつ全部で一〇〇戸ぐらい高台に移ったんです。もちろん、大議論があって、反対も強かったのですが集落全体で一〇〇戸が高台に家を建て替えたんです。地元の非常に強いリーダー、実はいずれも当時の村長ですが、彼が実行した。高台に移ればふだんの生活もお年寄りは大変ですし、港に行くまで、たいした距離ではないにしても少し遠くなってしまう。何よりも建て替えのお金もかかります。だから皆から大反対され、批判もされたのですが、私財まで投じて移転を実現させた。昭和三十五年のチリ地震津波が来た時には全戸無事であのリーダー達はさすがだということになって、今回も同じく無事であったため、それが新聞に記事として出ているわけです。こういう村長もいましたが、当時は今とは時勢が違う。市町村長が私財を投げうって住民を高台に移すということも不可能です。こうした役割は現在では知事でしょう。

だからその意味でも、今回の東北の復興の絵というのは六県の知事のスケール感が大事になってくる。住民の意向をきくことは、県もしなくてはいけないのですが、一方ではどこかの時点からは大きなスケールの、先を見通した絵を描くことが求められる。先を見通すということは、元通りに戻りたいという人たちの気持ちとどこかでぶつかっていかないといけない。それを乗り越えた絵を描けるかという点で、知事の手腕が問われますし、その役割をきちんと果たさないと、意味のある復興にはつながらないと思います。

戦後民主主義が問われている

東郷　たぶん最後におっしゃったことと同じことなのですが、私は今度の復興というのは、戦後の日本の民主主義のあり方をもう一度考えなくてはいけないと思うんです。一九四五年に敗戦を喫して、それで米軍が入ってきて、戦後民主主義を受けいれて、私たちの世代はそのなかでずっと育ってきました。それは大変多くの貴重なものを成しとげてきたと思うんですけれども、そのなかで、われわれが見えなくなってきたものもあると思うんです。それは何かというと、要するに私権というものがオールマイティになってしまって、公けというもののために一体どこまで我慢しなくてはいけないのかというところが見えなくなってきた。それがさきほど申し上げた東京の状況です。

私は、いまの東京の状況は悲痛だと思うんです。一部昔からの都市計画が生き続けてきたし、再開発でよくなったところはあるんですが、全体としては土地を持ったらそこに勝手に好きなものを建てる。それで六五年やってきてしまった。もう一つは京都です。京都の状況、これ以上申しませんが、本当に悲しいです。京都というのは、第二次大戦の末期にアメリカの国務省も、それからあの時のスティムソン陸軍長官も、京都に原爆を落としてはいかんと。なぜかというと、あれは日本人の物だけではない、世界の文明なのだから、と。で、神社仏閣は確かに守りました。しかし、町並みに関する感覚がまったくなかった。それはやはり、公けのなかで全体をよくするとはどういうことか、町並みを生かしながら自分の生活レベルをあげていくということに関するDNAが欠けてしまったんです。それで、さっき川勝さんがいわれた日本の顔、那須野が原にしても、東北で今度の新しい日本の顔をつくるときに、三〇年後に本当につくってよかったなというものをつくるために、どこまで我慢しなくてはいけないかという問題が必ずでると思うんです。

建物の外観は公共財

東郷　そこで、先ほど申し上げた、建物の外観は公共財というオランダの発想が参考になります。これはしかし、本当にやるのは大変なことです。戦後の日本のなかにそのＤＮＡがないから。

高台に家を建てるときに、この区画はあなたの家ですと言われて、たとえば屋根は三角にして、壁を赤く塗りたいと。そのときに、屋根の形は四角にして調和のあるものをつくってみましょう、壁の色は赤じゃなくて薄いグレーで統一しましょうといって、これをしょうがない、というより、みんなといっしょにやっていくんだから、そのほうが美しいし、楽しいではないかと思えるようにもっていくのは、大変なことだと思うんです。戦後の日本人には、そういう感覚がないから。でも、そういう感覚をもってあそこをつくり変えていただかないと、これは私の独断と偏見ですけれども、一〇年後にあそこに行ったときに、これはすごい、日本人はすごい、日本人のセンス、美意識、自然にたいする尊敬はすごい、ということにはならない。そういうふうにならないものを造っていただきたくないのです。

そこで、外の大きな知見と、本当に現場の共同体からのニーズの接点がどこにあるかというと、私は県レベルではないかなと思うんです。ですから、増田さんやほかの県知事のように両方見える方たちががんばって、それで川勝さんのような方がバックアップするような国づくりをやっていただければと思います。

北海道・東北銀河プラン

川勝　増田さん、東郷さんの話につけ加えるとすれば、いま東北六県とおっしゃいましたが、増田さんは知事時代に青森県の木村（守男）知事と秋田県の寺田（典城）知事と三人で、県境を越えた「陸奥の国」づくりをされた。それは国の審議会などでも、県境を越えた試みとしてよく取り上げられました。私も国土審議会の委員をしており、東北三県の試みとはすばらしいと思っていました。いまそれを北東北だけではなくて、東北六県に広げるべきだといわれるのは、そのとおりだと思います。縦軸は青森まで新幹線も高速道路もできて背骨が通り、山形と仙台もつながって横軸も通った。いまは地方のリーダーシップを取るのは知事ですが、リーダーシップを譲り合い、東北を一つにしていくということが大事です。

さらにいえば、北海道と青森の間の津軽海峡では、昔からアイヌも、陸奥の安倍一族も、北海道とつながっています。今上陛下・皇后陛下が奥尻島にお見舞いに行かれたこともありました。東日本大震災は東北のイメージで取りますが、東日本には北海道も入っています。北海道は日本人が拓いた新天地です。東北は縄文の文化を色濃く残している。世界的なイメージの見立てでいえば、ユーラシアという旧大陸のミニチュアが東北で、アメリカの新大陸のミニチュアが北海道です。両大陸の間の大西洋のミニチュアが津軽海峡。そう見れば、東北・北海道は一つです。原料・食料の供給地域、観光で首都圏や世界の人を魅了してきた地域の北海道・東北。それをつづめて「ほくとう（北海道・東北）」を一つにしていくと、大きな絵が描けます。「ほくとう銀河プラン」を実現できる。

東西文明の融合する地

川勝　文明史的には、西洋の文化は、「少年よ、大志をいだけ」で有名なクラークに代表されるように、アメリカを介して北海道にはいりました。チグリス・ユーフラテスからギリシャ・ローマを経てヨーロッパ、大西洋をわたり、アメリカから北海道へというように、北西に向かってきました。東洋の文化は、インドから、中国・韓国を経て、九州―京都―鎌倉と伝わり、そして、江戸へというように、その方向性は東北です。東北に向かった東洋文明と、西北に向かった西洋文明は、北海道・東北で融合する運命にある。それが東郷さんのいわれる「文明の最終到達点」になるのではないか。

つまり、日本人が江戸時代につくりあげたこの国の形は、都知事室に二つの絵が描かれているといわれましたが、一つは江戸の風景です。江戸の風景とは、京都にとりこまれた東洋の文化を卒業し、日本が東洋の文明からいろんな恩恵を被りつつも、自ら自立した時の姿です。現在の東京というのは、私は西洋の近代文明と比べたときには、けっして見劣りのするものではない。そう思っていますが、東郷さんはどう思われますか（笑）。

東京には近代の日本人があこがれました。なぜ京都がだめになったのか。東京にあこがれたからです。京都の町並みも、盛岡も福島も仙台もみなそうですが、ミニ東京的なものをどこもかしこも持っています。その元は東京です。私は、東京をみれば、日本人は世界に冠たる近代文明をつくり上げたと思います。そのマイナス面も明らかです。そうした現在、北海道・東北は、「脱東京」し、また「脱京都」することで人類の未来を示しうる。脱京都して江戸になり、江戸に近代文明をつくり上げたのが東京ですが、脱東京の方向は、元に戻ることではない。ベクトルの向かう方向は東北・北海道です。東北への入口に、たまたま那須野が原という、栃木県と福島県の県境にすばらしい土地がすでに選ばれているのです。それは偶然というには、余りにも、すべてが、この復興のために準備されてあったのではないかと思わせるほどの適地です。

那須野が原は関東平野がつきて東北の森に入るところ。東北は森です。白神山地にブナの森があり、平泉は浄土思想が生きている鎮魂の森です。いうなれば東北全体が「鎮守の森」であり、那須野が原は聖なる鎮守の森に入る入り口にあたる。鎮守の森は聖なる空間であり、そこで、縄文時代以来の文化と、北海道に入った新しい欧米の文化とを融合する。まさに東西文明の調和という、文明史的なチャレンジとしてとらえることができます。私は聖なる森の空間への入り口に新首都がつくられれば、丹下健三さんが造ったような現在の都庁舎の建物はあっという間に時代遅れになると思います。那須野が原の新都には森の議事堂がよく似合うでしょう。その借景として美しい自然景観があります。それは四季折々、春は花、夏はホトトギス、秋はもみじの錦織、冬は雪降る景観です。人間がつくった建築物はだんだん朽ち果てます。自然は永遠の芸術です。新首都では大きな借景としての東北の森と調和したものが造られるのがよいでしょう。

聖なる東北の森を「鎮守の森」と呼べば、那須野が原は「鎮守の森の都」と呼ぶのがふさわしいでしょう。かつての都の京都に対しては、東北の角館も、中国地方の山口も、九州の知覧も「小京都」といわれるように、全国各地に小京都ができました。現在の首都の東京に対しては各地にミニ東京ができました。同じように「鎮守の森の都」に対しては、全国各地に「鎮守の森の都群」ができるでしょう。鎮守の森の緑を大切にする小都市群が出現し得ると思います。私は、北海道・東北が最も鎮守の森をよく体現できる場所だと思います。いまの制度では、地域のリーダーシップを取れるのは知事かもしれませんが、自県中心主義の知事ばかりなので心もとない。むしろ知事の自県中心のエゴイズムを押さえこみ、国の出先機関を活用できる力のあるリーダーの出現を望みたい。そして、東北復興院よりも、むしろ「ほくとう（北海道・東北）復興院」のほうがよく、それがうまく機能すれば、「ほくとう」の聖なる空間は最終的には一つの森の文化圏域として、政治的に地域分権、地域経済は第一次産業を基礎にして、第二次・第三次産業も入れ込んだモデルになれます。

原発にどう向き合うか

川勝　そのような大地に原発は似合いません。むしろ自然エネルギーが似合います。いま日本は電力の三〇パーセントを原子力に依存していますが、日本の原発は沿岸に立地しています。浜岡原発は海抜一〇メートル以下のところにあり、海側の砂丘で津波を防げると中部電力は主張していましたが、津波が砂丘をすくい上げて、砂と海がいっしょに降ってきたら、原発は水だけではなくて、砂にもやられて、その復旧は想像だにできないぐらい大変になります。そういう沿岸に立地している原発に対して、福島第一原発の事故はものすごく重大な警鐘を鳴らしています。

たとえば中部電力は電力供給全体の一七パーセントが原発です。中部電力管内では静岡県にのみ原発があります。本県の電源でいえば、八〇パーセント以上が浜岡原発に頼っています。電力の地産地消では危険なものに負っている。ところで、日本列島で最初に朝日が当たるところはどこか、御存じですか。富士山のてっぺんです。まさに「日出ずる国」にふさわしい。ご来光は富士山の頂上であおぎますが、「雲の上《へ》に太陽の光はいできたり富士の山はだ赤く照らせり」（徳仁皇太子殿下）と謳われ、また、夕日も「あかねさす夕日のかげは入りはてて空にのこれる富士のとほ山」（明治天皇の御製）と謳われるように、日の出、日の入りのシンボル、まさに日の本の国のシンボルです。岩手に岩手富士、青森に津軽富士、秋田に秋田富士、福島に会津富士がある。北海道にも利尻富士、蝦夷富士があります。富士山にはそういう普遍的なシンボル性があります。われわれは日本のシンボル性をもつ富士山から原発問題を考えなければなりません。

富士山に託された価値

川勝　富士山が出すシンボルの中身は何か。北海道でも有珠山が爆発しましたが、富士山も活火山です。つまり自然の脅威として、富士山の貞観の噴火、宝永の噴火などのような噴火をどうにも防げません。増田さんが「減災」といわれましたが、災害を受けることをなるべく少なくする方法は講じることができますが、災害それ自体を防ぐことはできない。自然エネルギーが解放されたとき、必ず天変地異は起こる。そのような自然エネルギーを利用するようにと富士山が告げています。

一方、富士という名称は「富」が物の豊かさ「士」は立派な人、すなわち心が豊かであることを表しています。「不尽」「不二」とも書かれましたが、一番多いのは「富士」です。物心ともに豊かな地域をつくれと、名前が示している。また、孤立峰なので、どこからみても同じ形。つまり、だれが見ても美しい。自然環境、生活環境が美しくせよというメッセージです。

さらに、みな富士山を見て、がんばらなければいけない、志を立てるとか、目標を立てるとか、理想を描くとか、それぞれの富士がある。つまり、それぞれの最高の目標、理想、夢、志を許容するので、多様なるものの和です。「和の文明」というメッセージも富士山から導き出《い》でます。和というのは、自然との調和、建物同士の調和、人と人とのあいだにおける人間の調和も含みます。

私はこうした富士山から取り出されるいくつもの価値、これを形にしていくということが富士山に恥じないこと、つまり日本に恥じないことだと思っています。まず聖なる空間の「ほくとう（北海道・東北）」に入るところに日本の顔をつくる。日本全体として見れば、北海道・東北という豊かな森の自然景観と、関東平野という日本最大の平野のはざまにあるのが新都になりえます。そのシンボライズされたものが「鎮守の森の都」です。日本は国土の三分の二が山ですから、どの地域にも山から野に出るところがあります。昔から、そういうところに鳥居と神社を建てて、その後ろは鎮守の森として大事にしてきた。森が水を供給してくれるからです。つまり、生命のもと、食料のもと、工場をつくるもとの水を供給してくれるので、治山治水が一体だった。森と野の間に一番美しいモデルの都を日本の顔としてつくれば、私は日本全国にそれぞれの鎮守の森の都がつくれるだろうと思います。森は多様性の宝庫であり、南は照葉樹林、北は落葉広葉樹ですから、それぞれの多様性に応じた都市群ができることになります。これは二十一世紀の地球環境時代に最もふさわしい姿になるだろうと思います。ある意味で地球全体の都にもなりうる。森はそういうシンボル性をもっています。

東京のど真ん中にだって、明治天皇の崩御、昭憲皇太后が亡くなられた後、その威徳を偲ぶために明治神宮を造った。明治神宮は建物ですが、後ろにあるのは森です。明治神宮の森は本多静六が造った人工の森です。各地の日本人が一〇万本ぐらいの苗木を提供して、ああいう森になった。だから森をつくるという遺伝子、つまり自然と調和した形で神社を造るという遺伝子が、日本人の中にあります。私はそれを生活景観の中に生かせばいいと思う。先ほど東郷さんがおっしゃった七つの項目を考え、自然との調和を崩さない観点から、借景なども含んで、自分の庭だけ、建物だけでなくて、自然と調和した都市群ができるだろうと思います。

そういう意味で、増田さんのような広域行政に明るい方が北海道・東北をまとめる立場に任命されて、内政に関わる権限、財源、人材は国からも提供し、地元のリーダーたちの意見を集約しながら、人類の理想郷をつくるということを、東北だけでなくて、北海道・東北を一体にして考えれば、東日本大震災が、禍が福に転じうる、まだ間に合うと思っています。

原発を停められるか

司会　日本は地震大国で、地震がいつあるかわからないわけです。今度の地震は未曾有のマグニチュード九ということですが、次にどこで起こっても不思議ではないと。とにかく原発は簡単には停止できないということですし、原発に関しては川勝さんはどうお考えでしょうか。

川勝　浜岡原子力発電所には原子炉が五機あります。そのうち一号機、二号機は廃炉になっています。廃炉になって安全かというと、使用済核燃料が一、二号機合わせて千二百本ほどあり、冷やし続けないと危険です。三、四、五号機が動いています。原子炉には定期点検が十三か月に一回あります。三号機は定期点検が全部終わり、中電が点検し、原子力安全・保安院という経産省付属の国の機関がチェックして大丈夫ということでした。三月中旬に動かすことができた。地元も動かしてくれということで——動かせばお金がまた入ってきますから——、そのつもりでした。そこに三月十一日に震災が起こった。

それで中電はどうするかなと思って見ていました。三月十一日に大停電が起こりました。本県も富士川以東は東電の管内で、伊豆半島とか東部は大停電。えらい電力供給不足が生じて町は真っ暗。中電管内は停電がない。電気を送れる。保安院の点検は終わっており、「原子力発電はどうするんですか」と聞いた。中電は「基本的に国の方針でもあり、推進する」という。「だったら再開して送らないといけない、不足しているんですから」とたたみかけると、「ちょっと安全の問題がありまして」という。私は「安全はチェックし終えたのではないですか」と。ところが十一、十二、十三、十四、十五、十六、十七、十八と日を追うにつれて、十三日には一号機の爆発、十四日には三号機の爆発、水素爆発が起こる。「いや、それでも格納容器は大丈夫です、圧力容器は大丈夫です、燃料漏れはありません、燃料棒はしっかりしています」と言っていた。ところが、知らぬうちに放射能に汚染された水が出てきました。それが海に出ている、レベルは5から、ついにレベル7になりました、どんどん悪い事態が明らかになってくる。

その間、浜岡原発の三号機はチェックが終わっているにもかかわらず、中部電力の幹部はどうしようどうしよう、ほかはどうするんだろうと様子見をしていました。九州電力は、ちょっと止めたいと思いますといっていた。結局、中電は三号機の再開に向けて何もしなかった。そうするうちに、三〇キロ以上離れている福島県の小学校の一部では校庭に出て遊んではいかんといわれる状況にもなりました。

浜岡原発のすぐ近くに四つの町があって、最初は中電はそことだけ話していた。ところが、それより遠い市町の首長からも、市民が心配している、もし放射能が漏れたら一体どういうふうにするのか、そのためにどういう訓練をされているのか、どのような対策を立てているのか、といった声があがりはじめた。

中電の考えたことがない課題が続々出てきました。放射能漏れは絶対におこらない。止めて冷やして閉じ込めれば絶対に出ないといっていた。ところが放射能が出た。これまで、やったことのない訓練をしなくてはならず、津波対策もない現状では三号機を動かせない。私は動かせると思いません。そう記者会見で明言し、中電に伝えました。

もはや浜岡三号機は再開できない

司会　三号機を動かすかどうかというのは、知事の権限はあるのですか。

川勝　形式的、法律的にはない。しかし実質的にはあります。地元の同意なくして動かすことは不可能で、地元の市町や知事がだめだというと、中電は四面楚歌になる。ただ補助金の問題がありますね。原発立地市町には億単位のお金が入る共生関係もあったのですが、立地の市町の住民が不安がって、補助金どころではなくなっている。

これから福島第一原発から避難地域が広がれば、不安感は拡大します。来春までに四号機、五号機が定期点検に入ります。そのころには新しい安全の指針が出ていると思いますが、最高のチェック機関の保安院が信頼性を問われています。保安院は経産省という原子力を推進する役所の中にあり、中立性が問われています。三号機はもとより、四、五号機も点検後に再び動かせるかどうか、非常にきびしいと見ています。今回の福島原発事故は、ほかのすべての原発を点検後に再稼働させることにすごくむずかしい状況をもたらしていると思います。

中部電力が三号機を再び動かす論理をつくるのが困難だと見ています。このまま三号機の停止状態が続き、四号機も五号機も一年足らずで定期点検に入った後、再び動かせるか、三号機と同様になる。すべてが停止になるまであまり時間はありません。静岡県は電力源を原発に負っています。電力源に近いところに送電するのが、配電ロスを少なくする効率的な送電方法なのです。

電力分散が課題

川勝 そういうことで、本県の電力不足が喫緊の問題になっています。太陽光、太陽熱、地熱、風力、温水など代替エネルギーに頼らざるを得ない。私はそちらの方向にギアを切っています。ただ、風力といっても、半径三五メートル、直径七〇メートルの羽の風車が回るので、音が聞こえる。低周波といいますが、要するに騒音です。また、影（ウィンクル）ができて、それが非常に不愉快です。導入当初はオランダの風車のイメージがあってエキゾチックに思われたのですが。

東郷 オランダでも、いわゆる水車による風力はいいのですが、現代の鋼鉄製の風車は景観という観点から非常に問題があります。

川勝　風力は洋上など、人の生活と関係のないところなら問題ないのですが、漁業との調整問題があります。導入当初は立地場所から五五〇メートル以内は低周波の影響がでるといっていました。いいかえると避難指示です。内容的には避難命令で、いまの警戒区域といっしょです。いまは騒音が二キロでも聞こえるので、距離が伸びています。

私のところに、一万人以上の方々から風力発電を止めてほしいという署名がきています。造るコストが安いし、それなりの電力供給力をもっています。原発と比べて、ほかに方法がありますかといった問いかけもしていきたい。

要するに、電力源の分散化を早急に図ります。大槌町の避難所に行ったとき、雪が降りしきり、寒さのきびしい中で暖を取られていた。避難所には自家発電装備がいると思いました。夜、真っ暗ななかでトイレに行くこともできないとか、つらい思いをすることになる。そうしたことも含めて、臨時議会を召集して補正予算を組んでいます。東北から学んで、対策を練り、即政策に移すという姿勢です。電力を中電一極に依存している危険は大きい。電力源を早く多様化し、エネルギー源の分散自立を図ります。

静岡県には浜岡の三、四、五号機があり、県民が危険だと思っているから、ひょっとすると、来年のいまごろは三つとも動いていないかもしれない。時間がたてばたつほど、私は動かせる条件がなくなっていくと見ています。唯一動かせる方法は、これは中電が考えるべきことですが、計画停電をもちだして、冷蔵庫の中の物が腐るとか、電気掃除機・電気洗濯機が使えない、テレビが見えないとか、県民から電気をつけてくださいという声が上がり、住民が不便に耐えられないとなったとき、点検は終わっているから動かせるという理屈が立てられるかもしれません。現状では再開はきわめてむずかしい。

電力の安定供給が、電力会社の目的です。安定して供給できなければ存在意義がありません。電力の安定供給と安全を両立させるという、むずかしい局面に中部電力は立たされています。浜岡原発三号機は点検が終わっているにもかかわらず動かせないで、すでに一か月半余りが経ちました。これを動かせなければ、四号機も五号機も同じ運命をたどると思っています。

ゆるやかな「脱原発」

司会 現場の知事から非常にリアルなお話をお聞きしました。原発はなかなかそれを統御することが困難で、しかし日本はそれを始めてしまい、しかも世界でも有数の原発大国になってしまったという現実があるわけです。川勝さんの場合は、ご自身が知事としてつくられたわけではなくて、そういうことを含めて県政を引き受けられているわけですが、それに代わる新しいエネルギーにも諸問題がある。東郷さんは世界を見てこられて、これからのエネルギーのあり方やわれわれの生き方についていかがでしょうか。

東郷 今度の原発の事故は、原発という技術を過信したところから起きたということは否めないと思います。その技術のはらんでいる危険性を十分予知できなかった結果、これだけの惨状を呈してしまって、しかもまだどこで止まるかわかっていない。冒頭に申したように、そのことによって日本ブランドというものが、少なくともいまの時点で、その一番いい部分がだめになってきている。そうすると戦後の日本文明を発展させてきた一番強力な部分に対して、やはりわれわれの自然にたいする驕りがあったというか、十分マネージできないものを動かしてしまったという反省が必要だと思います。

私は川勝さんのいわれている「ゆるやかな脱原発」、これを探らないと日本の文明史的な再生はできないのではないかと思います。ただその場合に、どのエネルギーに求めるのか。最初に申し上げたように、いま日本で環境にも十分配慮した手法を考えたときに、たとえば太陽光にも進出しなければいけないと思うんですが、太陽光だけで原発に匹敵するエネルギーが出せるかというと、私の理解では、そうではないんですね。

個人消費のレベルでは太陽光は十分役に立つと思うのですけれども、産業用発電としては、少なくとも今までのレベルだとどうしても薄い。そこで国家プロジェクトとして、今後の日本自身の再生と、人類への貢献を含めての「核融合」というのがあるのではないか。静岡県でこの前ご案内いただいた「浜松ホトニクス株式会社」は、レーザーによって核融合を起こす研究をものすごく一生懸命やっておられます。でもこれはこの会社だけではなくて、ほかにもいくつか日本全体で研究しているということで、県も国も、日本民族の将来の立ち直りを期してこういうところにお金を使ってはどうでしょうか。

代替エネルギーをめぐる国際競争

東郷　昨日の報道だとアメリカのオバマも、もう原発撤退に向かっている、と。私は、アメリカ人は絶対これを考えていると思います。原発から撤退するとなると、それに替わるエネルギーが必要になる。ですからそれは国際的な競争です。そもそもドイツが非常に原発にセンシティブで、クリーンエネルギーというところにリーダーシップを取ろうとしてきている。私は八〇年代に外務省でエネルギー関係の仕事をやっていたんですけれども、このころは、日本は六〇年代の経済高度成長のなかで環境マインドの国になり、それで排気ガスを処理して、イタイイタイ病とか水俣病を乗り越えて、世界に冠たる環境大国ですということで、通産省も外務省も、国際的にはそうやって売り込もうとしていたわけです。そういう私の記憶では通産省はそのころ非常に新エネルギーに熱心でした。ところがある段階で、それが消えていく。ドイツが太陽エネルギーといったものに国家プロジェクトでお金をつぎ込んでいるときに、日本はある段階で、そういうものを国家プロジェクトとしてやっていこうという動きがぐっと減ってきたように思います。

いまこうなってみると、代わりに何が起きていたかというと、原発推進だったのでしょう。だから日本はもう一度、太陽光を含めて新エネルギーを国家プロジェクトとしてやろうとしていた方針に立ち返らなければならないのではないでしょうか。しかし、私の限られた知識でいうと、エネルギーの桁からすると太陽光ではとても足りない。浜松ホトニクスの皆さんが一生懸命やっておられている核融合というのは、危険のないように制御した形で水素爆発を起こさせる。その起こすための最初のエネルギーが必要なので、それをレーザーを集中することによって実験炉でやろうとしている。私に説明された技術者の方は、自分の生きているあいだにその実験炉が成功しますかねというようなことをいっておられたんですが、でも国家プロジェクトで本当に汲み上げてやろうとすれば、そのスピードは速められると思うんです。ここは必ずしも良くは知らないのですが、でもこれに限らず、何かそういう今度の禍を転じて福となしうるような新しい発想が必要ではないかと思います。

東北の自立を求めて

増田　いまの話にありましたとおり、技術の確かさというか安全技術を高めることによって、暮らしをよくしていこうということが、今回できなかった。まさに原発の制御に失敗をした。それは技術者の敗北でもありますけれども、その程度の安全システムというものを許容していた社会の敗北というか、きわめてマイナス方向の問題提起だったのではないかと思います。

今後、こういう話があります。省エネの技術を高めたり、それから自然エネルギーの効率性を高めて、原子力に依存している日本のエネルギーの構成を変えていこうと。それは当然行われると思うのですが、ここも技術なのかという点は、一度立ち返って考え直さなくてはいけないと思います。

技術を開発する努力は認めるにしても、どこかに驕りとか傲慢さがあって、それでやっていけると思っているのではないか。さきほど私は「減災」といいましたけれども、自然災害に対して、どんなに高度な防災計画をつくっても、それを越えるものはある。したがって、津波だったら最後は高台に逃げるとか、何かそういうことでやらないとそれは克服できない。これはもう大前提だと思う。

東北についていうと、川勝さんからお話がありましたように、この地域にある資源は、無限とはいいませんけれどもかなりいいものが相当量あると思います。それを使って自立をする絵を描きたい。アテルイは八〇二年に河内で首を切られていますけれども、坂上田村麻呂に攻められるまでの東北は、あの時代、たぶん自立した絵が描けていて、しかもそれが実際の生活になっていた。別にそこに戻ろうとまでは言いませんが、ここで考えるべきは、地元が主体となって東北が自立をした絵を描き、自分たちの生活もそれに合わせていくしかないのではないか。生活様式をいっぺんに切り下げることはできないかもしれませんが、できるだけ自前の自然再生エネルギーを生かすようなことをしつつ、生活も少しずつ変えていくということ。たぶん東北は、こうした試みを日本で一番やりやすい地域ではないかと思います。

東北は元来エコだった

増田　菅さんは大震災の後、被災地について、記者会見で山を削ってエコタウンを造り、そこに移って、漁港に通勤をするといってましたが、見てわかるとおり、そもそも三陸沿岸の漁民の生活というのはエコで、クーラーもほとんど使いません。家も風通しがいいし、冬場には薪ストーブも使って、自然に非常に近い生活です。あらためて総理がいうまでもありません。総理に本当にやって欲しいのは、電気を大量消費している東京でエコタウンを実現することですよ。

結局、何か関係者が傲慢さをもったり、驕り高ぶって、今回の危機の克服と称して何か新しい技術に頼るというより、エネルギーについても、われわれは新しい技術に過度に期待しないで、できるだけ生活のスタイルを変えられる所は変えていくという考え方でやっていきたい。技術に頼るというより生活を合わせる。そして、それが無理な地域は——東京はたぶん最後まで非常にむずかしいでしょう——、お互いに支えあっていくしかない。私はいますぐに全部の原発を止めろということを、ことさらに主張するつもりもありません。そう言う人もいるでしょうし、いろんな人がいてもいいと思います。

川勝さんは、今朝の記事（『毎日新聞』四月二十二日付「再生への視点」欄）で、ゆるやかな脱原発をいっておられました。まだこの問題が突きつけられたばかりですから、私にはきちんとした議論の収束点がわかりませんけれども。しかし東北についていえば、エネルギーをできるだけ自然由来のものに変換して、生活をそれに合わせるということができるはずですから、それを国の大方針の中に掲げつつ、それに添った絵を地元が描くということが必要ではないか。冒頭にいいましたように、なんらかの大方針をトップリーダーが決めて、それでみんな知恵を出していかないと、トップがただ方向性も示さず丸投げしたんだったら、全然議論は進まない。だから私はここで東北のデザインというものの大方針を政府が全世界に対して掲げれば、汚染水を垂れ流して、全世界の共有財産である海洋を汚した日本人が、逆になるほどと思われる、そういう失地回復のきっかけになるのではないかと思います。

東北に求める風景

東郷　冒頭にもちょっと申し上げたのですが、私はここ数年、「文明の到達点」といえるのはどういう生活なんだろうかと考え続けてきました。私のイメージの中ではいくつかあって、一つ絶対に必要なことは自然との調和――自然を生かし、自然に生かされることです。さきほどあったように、戦後の日本は「東京化」ということで進んできてしまった。自然から切り離されるような生活を自分たちでつくってきてしまった。東京的都市化です。非文明の極致です。しかし、私がいままで生きてきた過程のなかで、いくつかここが「文明の到達点」といえるのではないかという風景があります。

一つは、私が外務省に入ってから二年半研修を受けていたイギリスの田舎です。これは本当に自然が豊かなんです。私はベーコンフィールドというロンドンとオクスフォードの中間地点にあるところでロシア語を勉強していまして、あの辺の、テムズ川沿いと、それからコッツウォルズという丘陵地帯がありまして、それから湖水地方などがありました。特に私が住んでいたテムズ川沿いにクッカム・ディーンという村があり、本当に自然が豊かで、そのなかに家が溶け込んでいて、数百年建った家が変わらない。ＩＴの進化を受けて、家の中の設備は少しづつ進歩して、時代に適合している。でも、基本的な生活の家と森と空と川の流れは、何百年も変わらない。

もう一つはブータンです。これはまったく違って、ある意味で最も貧しい開発途上国なんですけれども、豊かなんです。大変な英明君主が何十年か治めてきた結果、ブータンの自然と伝統、建物や着る物は完全に保ちながら、「桃源郷」と呼ばれるにふさわしい国づくりをしている。水力発電をやることによって人間の生活も豊かにしてきている。

私のイメージのなかにその二つがあります。いずれも自然の豊かさと、それと調和した人間生活の風景です。建物が相互に矛盾せずに一つの調和体をなしている。もちろん、飯がちゃんと食えなくてはいけないのです。ですから日本のこれからの目標は、そういうことではないかと思います。その観点ではミニ東京を日本中に造るというのは完全にだめで、行き詰っていた。だからそれぞれの地方が、それぞれの自然、それからそれぞれの地方の生活の独自性を発揮するようなものをつくっていかなくてはいけない。

民主党のいくつかの成長目標というのは、基本的にはそういうことをいっているんですけれども、魂が入っていないから、こういう災害が起きると、まったくそういう話が消えてしまっているんです。魂を入れればそういうところにくると思う。もちろん、豊かさを維持するというのは目標だと思います。そのためには、ある程度の技術というのは絶対に必要、いえ、ある程度というか最先端の技術が必要ではないかと思っています。ただその技術の使い方が、電力を不夜城のように使うというのではなくて、いまいった自然と人間の住んでいる家屋、その調和が達成されて、もう木一本切れない、家一軒変えられないというところにくるというのが、私の「文明の到達点」のイメージなんです。それはまさに今度の東北で被害を受けた場所、それから川勝さんのいわれた那須野が原というのは、そういうものをつくれる稀有の機会を天が私たちに与えてくれたと思います。

川勝　水は生命のもとです。地球は水の惑星です。水があるところに生命があり、生命が朽ち果てると土になります。その土がまた水の力を得て、新しい生命を育てる。ですから水と土を汚すということは、われわれ生あるものの本質である生命にたいする冒涜です。放射能が海水や真水の汚染をし、土壌の汚染をしたのは地球への冒涜であり、生命への冒涜であると思います。

そうした認識をもてるのは科学技術のお蔭です。科学は人間の英知であり、軽蔑するのはよくありません。ただ、人間の英知には限界があるという謙虚な姿勢はもたなくてはなりません。自然への畏敬の念を教えるのは天変地異、災害です。このたびの災害で科学への妄信はきびしく戒められたのではないか。

技術には自然を征服する技術もありますが、土や水の力を活用してそれを生かす技術もあります。いま直面している事故の解決にも、科学的な知見と技術による以外にありません。日本は、土と水とを生かして、見事な文化をつくりあげてきました。技術にたいしても、これを一般論的にだめだということはできない。自然と調和した技術があるからです。

東郷さんからイギリスのコッツウォルズやレイク・ディストリクトの話が出ましたが、そういう美しい景観の中に住むことが、少なくとも科学技術革命を起こしたイギリス人にとっての理想だった。もともと日本はそういうところに住んでいた。ところが、明治の指導者たちが、イギリスの都会にある工場が近代の発展のシンボルだと思って以来、だれもかれもが農山村から臨海工業地帯に出てくることになった。それが進歩だと思ってきたわけです。そのベクトルを反転させ、森というか自然豊かな田園のなかに戻る。つまり、鎮守の森の方向に戻るのです。いままで森を汚してきたのですから、そこに戻ってきれいに整えるべきときだと思います。それが鎮守の森の都の使命です。

静岡県のように、西に浜名湖、北に南アルプス、富士山、東に箱根があり、南に伊豆半島、駿河湾・太平洋があるという、自然の多様なところは、日本列島のいろんな要素をもっています。これまで東京をモデルに地域づくりをしてきましたが、これからは日本の国の向かう方向性が自然に戻っていくというときに、静岡県は小さなスケールですが、それを実現できます。たとえば、臨海地帯から山の方に向かえば南アルプスを見上げることになります。アルプスは連峰ですから、絆を大切にという発想のもとにもなりましょう。富士山を仰げば富士山を詠んだ歌が自然に出てきます。「天地の　別れし時ゆ　神さびて高く貴き　駿河なる　富士の高嶺を　天の原　振りさけ見れば　渡る日の影も隠らひ　照る月の光も見えず　白雲もい行きばかり　時じくぞ　雪は降りける語り継ぎ　言ひ継ぎ行かむ　富士の高嶺は」（山部赤人）

この長歌の反《かえ》しが、有名な短歌、「田子の浦ゆ　うち出でてみれば　真白にぞ　富士の高嶺に　雪は降りける」（山部赤人）です。このように万葉の時代から、天地開闢以来、山を神のごとくに見てきた。そうした感覚をもう一度取り戻せることにもなります。

富士山にシンボライズされる日本の自然にたいして、敬虔な気持ちを取り戻すことが一番の基礎ではないでしょうか。日本は、建築技術的には富士山の高さの高層の建物を建てる力をもっています。高いものを造って、高いところに住む。しかし、一〇〇メートルの高さのところに住みたければ、一〇〇メートルの丘の上に住めばいい。自然に即した生き方に変えていくという方向をもったとき、この国のたたずまいは「東洋の桃源郷を寄せて在る　扶桑茂れるしきしまの国」と謳われる、文字通りの桃源郷になります。桃源郷はまさに東洋世界の共有する理想郷です。桃源郷のイメージは、そこには清き水、必ず花が咲き、実のなるものがあり、緑の田園があり、まさに「あさみどりにおうがごときまほろばを寄せて集めし常若《とこわか》の郷」というイメージです。

日本には土と水を美しくする技術があり、それは人間も他の生物をも生かす技術です。われわれは従来の科学技術哲学も変えなくてはいけないし、科学妄信も戒めなければならない。科学する心は大切です。しかし、最終的にけっして自然を解明しきることはできないし、技術で制御しきることもできません。人間の英知を超えた存在、サムシング・グレイトがあるということです。今回の災害には、科学技術への妄信と技術を使う人間の倫理観の欠如もあると思います。本来われわれがもっていた自然にたいする畏敬の念と、その謙虚さをそなえた科学する心と、そして自然を生かす技術——そうした科学哲学、技術哲学を日本流に変える契機になるのではないか。

寺田寅彦は「天災は忘れたころに必ずやってくる」と言いました。彼は物理学者でしたが、同時に俳句を詠み、俳句にみられる日本人の自然観を大事にした人でした。彼がそうであったように、科学技術か縄文文化かという二者択一ではなく、両立できる空間を日本はもっています。それの実験場——こういういい方をするとおかしいですが——が「ほくとう」あるいは日本であり、そこを「文明の到達点」、つまり最後はこういうところに住むのが人間にとって一番しあわせなことだと思わせるようなところにすることです。いま日本のことを心配してくれている世界各地の人々が、やがて一度は「ほくとう（北海道・東北）日本」を訪れることで、心が浄化されて帰ってくるような空間づくり、地域づくりのきっかけに今回の震災をしなければならない。日本は、新しい文明を拓く文明史的な使命を負っているのではないかと思います。

司会　ありがとうございました。三人の先生方から非常に具体的に、壮大なヴィジョンをいただいたのではないかと思います。どうも長時間、本当にありがとうございました。

（二〇一一年四月二十二日　於・藤原書店催合庵）

震災百日——鼎談を終えて

文明の創造は時間との闘い

東郷和彦

震災からちょうど百日が経過した。

四月二十二日に行われた藤原書店主催の鼎談で私は、被災された方々の窮状を救う最低限の住居と収入と生活をまず確保することが先決としつつも、その先には、国を挙げた復興の目標がなくてはならないと述べた。

それは、「日本が、3・11を契機として、それまでの二〇年の漂流を吹き飛ばし、東北の地に、『二十一世紀文明の理想郷』を創設する、そのために、被災者・地方・中央政府・国民各位の四者が力をあわせ、外国からの知見を取り入れた開かれた復興を行う」ことであると述べた。

その具体策としては、①一次・二次・三次の産業復興、②自然との調和、③伝統の回復、④それらを調和的に成し遂げるゾーニングと街づくり、⑤外国からの経験と知見の導入、⑥国民一人一人が前よりも働いてその追加的な富を東北にまわすこと、⑦原子力発電の見直しの七項目をあげた。

鼎談が行われてからちょうど二か月が過ぎた。日本は今どこに向かっているのだろう。

三つの失望

この百日間、菅政権がなにもしてこなかったなどというつもりはない。住む場所を失った四五万の被災者にともかく住む場所をあたえ、第一次補正で応急手当てを開始し、復興構想会議をたちあげ、福島原発の処理に対する海外からの鋭い批判はあっても、G20、G8という国際会議もともかくも乗り切った。けれども、被災の規模と被災者の苦しみに思いをいたし、いま日本につきつけられた課題を思えば、現下の対応が、これで十分と思えないことも、また明白である。

(1) 遅い、時間がなくなってきている

なんといっても、被災された方々の直近の生活にめどがたたない部分がある。手元の報道では、九万一五〇〇人の方々がまだ避難所での生活を余儀なくされている。宮城県二万三五〇〇人、岩手県で一万人(正確には二万一〇〇〇人だが、内一万一〇〇〇人が在宅)、福島県が最も多く、県外避難者三万六〇〇〇人、県内避難者二万三〇〇〇人となっている(『読売新聞』六月十日朝刊)。仮設住宅という形にせよ、別途の仮住まいという形にせよ、私たちが通常最低限期待する住居すらもたずに、復旧が始まったといえるはずもない。

しかも、問題は単に避難所から普通の家への移行だけではない。当面の生活をどう動かすかの喫緊の問題がある。直近のアンケートでは、被災四二の市町村長の六割が「被災者の生活再建の見通しがたっていない」と回答している（『朝日新聞』六月十一日朝刊）。

増田元知事が鼎談で、直近の問題、すなわち家を失い当面の生活のめどを失った方々の問題にまず解決を与えよと言われたのはまったくそのとおりだったし、それができなければ、まずはそこのところをしっかり手当せよという声が強まるのは当然である。「〝復旧〟か〝復興〟かといえば、まず〝復旧〟を優先すべきである。……東北人の気質からも、世界のモデル、日本のモデルとなるような遠大で派手な復興の姿を地元が望んでいるとは考えにくい。むしろ必要最小限の設備が整った家に住み、地元の漁業・水産業と関連産業の仕事に復帰したい、このように願っている人が大半ではないか。……一〇年後にできあがった

『理想的』な町では壮年層がすでに職を求めて仙台や関東地方に流出してしまい……三陸地域の産業と雇用が崩壊してしまうことを私は恐れる」という声がでるのも、理由があるということになる（越澤明北海道大学教授、『中央公論』六月号、二六～二七頁）。

越澤教授の言われる復興の全体像は、私が述べた「二十一世紀文明の理想郷」を東北につくろうという意見とは一致しない。けれども、問題は時間との勝負である。この点については、完全な見解の一致があると思う。

私が尊敬する日本の戦後史の泰斗に、マサチューセッツ工科大学名誉教授ジョン・ダワー氏がいる。ダワー氏もまた、いま開かれている機会の窓がほんのわずかしか続かないことを喝破している。「個人の人生でもそうですが、国や社会の歴史においても、突然の事故や災害で、何が重要なことなのか、気づく瞬間があります。すべてを新しい方法で、創造的な方法で考え直すことができるスペースが生まれるのです。関東大震災、敗戦といった歴史的瞬間は、こうしたスペースを広げました。そしていま、それが再び起きています。しかし、もたもたしているうちに、スペースはやがて閉じてしまうのです」(『朝日新聞』四月二十九日朝刊)。

(2) 福島への質の違った対応ができていない

鼎談における最も斬新な視点として私が啓発されたものの一つは、福島と宮城・岩手は質の違った困難に見舞われており、最も苦しい被害にあった福島からこそ立て直しをはかるべきであり、そのためには、今後どのくらい住むことができなくなるかわからない福島の被災者に、日本で最高の新居住地を与えるべきであり、その最適の地が東北から北海道に至る北日本の入り口たる那須野が原に開かれているという川勝知事の指摘だった。

現実はどうだろうか。原発事故への対処の遅れと危険さの程度を含む情報開示の遅れについては、改めて指摘するまでもない。四月二十二日、国は、少しずつ拡大されてきた危険区域を、第一原発から半径二〇キロ圏内とし、ここを「警戒区域」として住民も含め原則立ち入り禁止とした。更に、二〇キロ圏外でも「計画的避難区域」と「緊急時避難準備区域」が指定された。結果として、警戒区域の九市町村約七万八〇〇〇人が故郷を失った（『読売新聞』六月十七日朝刊）。いまだに避難施設にいる福島県の関係者が県の内外をあわせて五万九〇〇〇人にのぼるという前出の報道とあわせれば、最も深刻な問題に直面した方々の運命が最も過酷な状況でのこされているということになる。それだけではない。「計画的避難区域」には五市町村約一万人が指定され、その移動も五月十五日以降始まっている（『朝日新聞』五月十六日朝刊）。移転先を確保し避難所生活者の中にカウントされなくても、極めて特殊な状況の下で家を追われた方々であることに変わりはない。

いま、半径二〇キロとその周辺において特定された地域に健全な形での市民生活が回復するには、いったいどのくらい時間がかかるのか。故郷を追われた方々のうちどのくらいの方が帰宅を許され、どのくらいの方が長期にわたって帰れなくなるのか。故郷に戻れなくなるという最も苦しい被災を蒙った方々が全体として新しく生きていくための基本構想、たとえば那須野が原における東北の玄関口としての森の都構想のようなものを一刻も早くうちだすべきではないのか。

（3）中央政局の混迷は目を覆うものがある

私はここで現下の東京の政治指導者について個々に論評するつもりはない。十分な一次情報をもたないし、また、そのような論評が自分の任であるとも思わない。けれども、多くの方々が、菅総理が、危機にあたって、情報の集積、総合判断、総合的な指示、その断固たる遂行において十分ではなかったと言っている。

されればといって、六月一日から二日にいたる内閣不信任案の国会提出とその投票、そのあとにおける総理の辞任の時期を巡る様々な混迷が、この国家非常時において国難を乗り越えてとられるべき最適な政策であるかと言えば、まったく疑問であると思わざるを得ない。確かなことは、この中央政局の混迷を通じて被災地の復旧と復興にむけられるべき貴重なエネルギーと貴重な時間が失われたことである。

総理におかれて今少しの組織力と指導力があり、それを補佐し、ないし敵対する方々において今少しの忍耐力があり、この政局にかけたエネルギーが事態の復旧と復興に向かっていたらと思わざるをえないのである。

三つの希望

しかしながら、起きてしまったことは、起きてしまったことである。遅れてしまったことは遅れてしまったことである。この百日の間に日本の中に形成されてきた肯定的なことがらを明確に認識し、それを確定し、先に延ばすほかはない。

(1) 新エネルギー政策の登場

福島原発の崩壊をうけて、国民の皮膚感覚の中に、一つの方向性がでてきた。それは、ゆるやかな政策変更によって脱原発の方向を求めるべきだという考えである。四月の鼎談でも、はっきりと浮上した見解である。

脱原子力の対象としては、太陽光についての議論が多く、地熱がそれに続いているようである。「日本の場合、選択肢は地熱と太陽熱にしぼられるべきだ」(橋爪大三郎・東京工大教授)、太陽光などの代替・自然エネルギーの供給量の不安定化を克服するため、「電力ネットワークと情報ネットワークを結びつけ、電力の供給と消費を効率的にコントロールする」ための「スマートグリッド」を提唱する(林康弘早稲田大学先進グリッド技術研究所長)(『朝日新聞』五月十日朝刊)。

しかしなんといってもこの間国民の注目を集めたのは、五月六日、突如として菅総理が、静岡県浜岡原発の操業停止を中部電力に要請し、川勝知事が、「英断に敬意を表する」と応じたことであった。

更に五月二十五日、孫正義ソフトバンク社長と黒岩祐治神奈川県知事、川勝知事ほかの知事が会合し、大規模太陽光発電施設「メガソーラー」の設置を含む自然エネルギー推進にむけての大構想が浮上した。「約五〇ヘクタールの土地にパネルを敷き詰め二万キロワット級の発電をする」という発想である（『朝日新聞』五月二十六日朝刊）。これは、太陽光に、家庭用発電という補助的な役割から、産業発電の役割を担わせる可能性をはらんでおり、景観などの問題がありうるにせよ、ようやくここにおいて、脱原発の一つの分かりやすい方向性が現れたとの感を深くする。

（2）現場・地方政治・国民の底力

津波が発生して以来、被災された方々の忍耐力、規律、そして時には快活なまでの活力は、世界中の賞賛の的になった。その評価は今も続いている。被曝の怖れにもかかわらず、黙々と任務を遂行する東電の作業員、消防と警察の方々も、時代を画する生き様を示された。更に、地元の市町村の指導者の強靭なリーダーシップが、改めて世界の注目を集めている。英誌『エコノミスト』論文最新号の論評は、「日本の力は東京の外の地方にある」と題する論評を掲載した。ユー・チューブで福島原発での政府の対応を批判し、四月二十一日『タイム』誌が発表した「世界で最も影響力のある一〇〇人」の一人に選ばれた、桜井勝延・南相馬市長と、ビルの屋上のフェンスにつかまって津波の下で三分間生きながらえて以来、不眠不休で救済事業に当たっている佐藤仁・南三陸町長の活動を紹介し、日本のこれからの未来は、このような地方に残っていた強靭な政治力によるほかないと論じている（"Japan's recovery: Who needs leaders? The aftermath of the March 11th disasters shows that Japan's strengths lie outside Tokyo, in its regions"『エコノミスト』誌、六月九日号)。

日本中から、「自分自身、被災地のためになにかできることはないか」として、義援金・援助物資の送付、様々なボランティア活動、東北産品の購買運動など、あらゆる動きがいまだに続いている。また、新聞・雑誌・テレビの報道は、どうやってこの震災の被害を除去し、新しい東北をつくるべきかという様々な意見の表明で埋まっていると言ってもよい。

その無数の論評のなかで特に、私の立場から関心をもったものとして、例えば、諸外国の豊富な例を引用しながら「文化と芸術を復興の軸に」と主張した近藤誠一文化庁長官の視点(『朝日新聞』四月二十日朝刊)がある。かつての外務省の同僚の文化と世界に開かれた見解として、私には付け加える点がない。

「コンパクトシティー」という、「都市機能と集合住宅を中心部に集約した利便性の高い街」を提案、「それぞれのコンパクトシティーは徹底した防災や省エネを実施したうえで、先端的な特色をもたせる」「外国の資金やノウハウ、人材を持ってくることを考えてほしい」「もちろん、土地所有など私権の大幅な制限が必要です。困難ですが、成功すれば全国のお手本になります」という梅澤高明A・T・カーニー日本代表の見解も、自然を生かし、その調和の中で実現されるならば、大変興味ある見解である(『朝日新聞』四月二一日朝刊)。

もちろん、「私権の制限」は戦後の日本社会にとって非常な問題を引きおこす。けれどもこれまでの報道の中には、それを乗り越えようとする力と知恵もまた台頭しているように思える。名勝・松島が「住宅再建か景観保全か」でもめているという報道がある。しかし、記事の結論は、不毛な二者択一ではなく、「自然の造形美は松島の景観の重要な要素。規制を面的に緩めるのではなく、個別に検討し、植栽で建物を隠すなど工法の工夫をするべきだ」(田中哲雄元東北芸術工科大学教授)という、誠に正鵠をえた結論でしめくくられている(『朝日新聞』四月十四日朝刊)。

(3) 復興基本法・復興構想会議・新政権

けれども、結局のところ、私たちは、どこに希望をつなげばよいのだろうか。被災者の方々の耐え忍ぶ力も、地方のリーダーたちの底力も、国民各位のやる気も、結局、国としての総合的な動きに結晶化していくためには、いま日本創生のための全体像が必要なのである。

六月二十日、復興庁、復興特区、復興債を明記した復興基本法が成立した。四月十一日に設立、五月十日に「復興構想七原則」を決定した「東日本復興構想会議」の議論もいま最終段階に入っており、六月末には第一次答申が発表されているはずである。

「必死に作業しても復興庁の設置は来年四月以降」(『朝日新聞』六月二十一日)などという報道をみると、事実上の復興つぶしではないかと思うほど、遅い。それでも法律をつくってやるというのは、手堅い方策なのだろう。復興七原則にも違和感はない。官邸ホームページに必ず掲載されている復興構想会議に提出されているペーパーには大変興味深いものもある。これまでの議論は、極めて広汎な問題にふれているが、このような会議によって復興の青写真を描くこととした以上、財源問題を含む多義的な議論に入らざるをえなかったことも理解できる。結局のところ、これからの国造りの方向は、この会議によって輪郭が描かれ、それが復興庁を含む政府・地方・民間の様々な政策によって強力に実施されていくしかないのだと思う。構想会議が、できうる限り創造的で、かつ、すべての関係者が実施の意欲をもちうるような提言を作成し、総理大臣の強い指導力によってそれが実施の運びとなることに、これからの日本の希望を託さざるをえないのである。

おわりに

3・11のあと、私たち一人一人は、3・11が起きる前にそれぞれが、考え、感じていたことに応じて行動しているのだと思う。社会の連帯から疎外された問題を心に抱えた人は、東北への支援に参加することによって、新しい自己を確立しようとしたのかもしれない。日本社会の現状に不満を感じていた人は、これを機に新しい日本を生み出そうと思ったのかもしれない。世界の中で沈没する日本に危機を感じた人は、ここで日本を世界に開き、世界に伍していかねばならないと考えたのかもしれない。

私もまた、3・11の前、平成の二〇年の日本の漂流と沈没に強い危機感を感じていた。それを自分なりの言葉で語り、自分なりの再興のイメージを作り出そうとして、『戦後日本が失ったもの――風景・人間・国家』（新潮社、二〇一〇年）を書いた。3・11に遭遇した時、この筆舌に尽くしがたい試練は、拙著で私が模索していた「二十一世紀文明の理想郷」をつくりだすために天が与えた機会ではないかとも考えた。

いま山種美術館で「美しき日本の原風景」という展覧会をやっている。川合玉堂、奥田元宋、東山魁夷ほか戦後日本の画壇をせおってきた方々が描く、日本の風景の美しさを集めた展覧会である。

東山魁夷画伯の京都についての展示が始まる前に、当時、文豪川端康成が東山魁夷に「いま京都をえがいておかなかったら、まもなく京都はなくなってしまいます」と言って、京都の連作を頼んだという解説が示されていた。

川端康成の要請は、私の心を凍らせる。ほろびゆく美を歎ずる芸術家の感性は鋭い。けれども、日本人は、なぜ、京都がもっていた日本の美を、生活の中に残しつつ、その世界に冠たる技術と感性によって、世界に例のない美の都をつくらなかったのだろう。「開発は古いものの破壊である」という戦後世界の浅薄さのなかで、なぜ、かくも多くの大切なものを失ってしまったのだろう。
いま私たちは、戦後日本が失ってしまったものを、新しい形でとりもどせるか否かの岐路にいる。太古より受け継いだ東北の森の中に、その海と田畑の中に、自然と調和した豊かな生活と風景をつくりあげる。しかも、私たちが失ってしまった感性を、世界に開いて再び求めることによって。私たちは、そういう文明の創造をなしうるか否かの岐路にいる。そのための、時間は残ってはいない。

（二〇一一年六月二十一日）

国家も地方も問われている

川勝平太

三者の鼎談は四月二十二日におこなわれた。その後、重大な出来事がいくつも続き、論じることも多々あるが、ここでは、二つに絞りたい。一つは、支援体制にかかわること、もう一つは、静岡県の浜岡原子力発電所の全面停止である。

支援体制について

災害に対しては初動対応がきわめて重要である。初動の最大の眼目は「命の救済」である。「七十二時間（三日）以内」が分かれ目になる。なぜなら、七二時間を過ぎると、被災者の生存率が急速に低くなるからである。

一九九五年の阪神淡路大震災の最大の教訓は、被災現場が道路の寸断、家屋の倒壊、火災等で大混乱をきたしている中へ、大勢の救援者が駆けつけ、混乱を増幅させ、結果的に、被害を増大させたことである。「助けたい」という気持ちばかりで被災地にかけつけても、本来の救援活動の邪魔にさえなる。その反省を踏まえ、全国知事会は、災害時の相互救援の方策を取り決めていた。それが機能しなかったのが今回である。

被災地はいわば戦場である。それゆえ指揮系統が重要である。だれが、どこで、何を、どこまでするのか、指揮系統を明確にして、取り組まなければならない。府県レベルの指揮では、全国知事会の会長をトップとする事務局が司令塔になる。

全国知事会から「岩手県を担当せよ」との指示がきたのは、三月十七日の午後三時過ぎであった。発災から七日目である。ただちに救援隊を組織し、被災地に入ったが、全国知事会の初動の遅れがひどく気になった。

四月二十六日、発災後初めての全国知事会が開催された。議題のテーマは東日本大震災である。私は議事にはいるや

一、なぜ初動対応が遅れたのか

一、だれがその決定をしたのか

を問うた。会長はどぎまぎして答えられず、事務局長に返答を振った。事務局長は「知りません」といった。そして、だれも答えられなかった。気まずい沈黙である。

知事会における席次は決まっている。私の隣は長野県知事の席である。長野県は大阪府、和歌山県とともに、岩手県担当と、先の指示に記されていたので、隣にいる彼に「指示はどこから来ましたか」と聞いたところ、「全国知事会からでした」という。指示が全国知事会から出たのは確かなのである。だが、だれが、どういう手続きを経て、決めたのか、その場で当局が説明できないまま、議事はもちこされた。

五月三十一日、臨時の全国知事会が開催された。私の問題提起を受けて、災害時における県境をこえた広域圏での相互応援体制が改めて説明された。それを実のあるものにするために事務局体制を拡充しなければならないとのことであった。要するに、まだ出来ていないのである。

この臨時全国知事会のハイライトは菅直人首相の出席であった。首相と被災県知事らがやりとりをした。菅首相は冒頭の挨拶で、大震災への各県の応援への謝辞とともに、自衛隊への感謝を述べた。自衛隊の献身的救援活動は国民のだれもが知っている。いまや自衛隊は、国家防衛とともに、国土防災のよりどころである。

菅首相が感謝を述べ忘れた相手がある。国の出先機関である。具体的には国土交通省の東北地方整備局の働きだ。地震発生後、わずか三七分後に、仙台空港からヘリコプターを飛ばし、上空から被災地の状況をつかんでいた。空港からヘリコプターが離陸した直後、津波が空港を襲い、仙台空港はアメリカ空軍による修復作業が終わるまでは使用できなかったのは、ご承知であろう。間一髪で津波襲来の前に飛び立ち、空から現場の情報を地方整備局長に伝えたのである。

地方整備局の最大の任務は「道の確保」である。東北自動車道、それと並行して走る国道四号線、その四号線から三陸海岸に向けて東西に走る複数の道、これらの道を確保できなければ、三陸の被災地に人も物も送れない。その道を確保することは重大な任務である。

その日のうちに、東北地方整備局は「啓開《けいかい》チーム（どのように荒れた現場であれ、パワーシャベルで道の瓦礫を取り除く集団）」を組織した。すぐさまチームは瓦礫のなかに突っ込んでいき、およそ丸一日で「道路啓開完了！」。その後に自衛隊が入って、さらなる撤去作業に従事したのである。

もうひとつ地方整備局の果たした仕事は「テックフォース」と呼ばれる緊急災害派遣隊を全国から集め、道の安全性をチェックし確保したことである。

思い返せば、二〇〇九年八月十一日、静岡県は駿河湾沖地震に襲われた。折りしも、お盆の休暇前で、伊豆が被害を受けたという風評が広がり、伊豆半島への行楽客の予約キャンセルが起こりはじめた。しかし発災直後に中部地方整備局の局長がテックフォースとともに伊豆半島に入った。そして丸二日で伊豆半島のどの道も問題なく通れるという診断をくだした。それを受けて私は「伊豆半島の安全宣言」を出し、風評被害を食い止めたことがある。

東北地方整備局は仙台市、中部地方整備局は名古屋市に拠点をもつ。しかし、それぞれ東北圏、中部圏の広域を所管し、初動対応は、見事である。災害がおこれば、時をおかずに動く。

今回についていえば、岩手・宮城・福島県は情報収集に追われて初動対応にはみるべきものがない。私どもが岩手県遠野市に拠点を決めて救援活動ができたのは、国道四号線から東へ向けて、遠野市を経て、三陸の釜石までを結ぶ二八三号線を、地方整備局の「啓開チーム」が「櫛の歯」作戦で通れるようにしてくれていたからである。だれが初動対応をしたのか、首相も知事諸氏も認識すべきである。

なぜ、あえてこのことを持ち出すのか。それは、今回の東北地方整備局の救援活動の事実を知ってもなお、全国知事会（当局）が「国の出先機関の原則廃止」を求めているからである。岩手県担当の大阪府と和歌山県は職員を岩手県庁の盛岡市に送ったが、岩手県庁内で「指示待ち」をしていた。要するに何もしていなかったのである。この国難というべき広域災害に対して、県レベルの防災力の広域の救援能力の限界が露呈した。復興構想会議でも岩手・宮城・福島の三県知事の見解はバラバラであり、東北全体を視野にいれた構想を出すのに支障をきたしている。県の職員にいたっては他県のことに無関心であり、広域行政をになう力はない。

広域災害はまた起こる。そのときに備え、広域行政を担う能力と人材をもつ国の出先機関を強化しておかねばならない。そうするには、内政にかかわる霞が関の省庁（国交省、農水省、厚労省、環境省、文科省、総務省、経産省のうち通商分野を除く部局等）のすべてを解体し、出先機関に「下放」させるのがよい。

私は全国知事会で独り「〝国の出先機関の原則廃止〟に原則反対」を掲げている。一方、もともと、明治四年に廃藩置県で中央政府の文字通りの出先であり下請け機関として創設された府県制こそを廃止するのが筋であると考えている。「府県制の原則廃止」が私の主張である。

浜岡原子力発電所の運転停止

ゴールデン・ウィークに入る直前、連絡が入った。五月五日に海江田万里経産相、細野豪志首相補佐官、そして原子力安全・保安院のメンバーが、御前崎市にある中部電力(中電)の浜岡原子力発電所(浜岡原発)に視察に入り、視察後、地元の代表と公開で意見を交換したい、という内容である。

浜岡原発には一〜五号機の原子炉がある。一、二号機は想定東海地震には耐えられないことが分かり、すでに「廃炉」となっている。大臣らの視察時点では、三号機は大震災前に定期点検を終えて再開するかどうかが焦点になっており、四、五号機は運転中であった。

五月五日、午前中に政府の視察が終わった。その後の意見交換会で、御前崎市代表(市長と議長、ほか一人)は、三人三様にこれまで国の方針を受け入れてきた。これからもきちんとした国の方針を出してほしい、という同じ内容を、時間をかけて話した。彼らの原発への持論はなかった。国まかせの姿勢に不安を覚えた。

私は、浜岡原発は、地震対策はできているが、津波対策が不十分であり、それを中電も認めている。津波対策の完成に、中電が向こう二〜三年はかかると発表しているので、それが終わるまでは三号機の再開はできない。四、五号機はそれぞれ来年一月、二月に定期点検に入る。その時点ではまだ津波対策が終えられていないので、再開はできず、来年中にすべての原子炉が「自然死」するという言葉で全面停止の見通しを述べた。

海江田大臣は五月上旬に結論を出すと述べ、細野首相補佐官は、地元選出議員なので国と地元の連絡役をつとめたいという発言をした。

翌日の五月六日、昼過ぎに突然、電話がはいった。「一時半に海江田大臣から浜岡原発に関して連絡があるので待機してほしい。また、同じ件で、午後四時半に首相が記者会見をする」という内容であった。しかし、一時半になっても、連絡がない。しびれを切らし、細野首相補佐官に連絡をした。彼も連絡をとろうとしていた矢先とのことであった。補佐官は「三号機の停止は決まった。四、五号機をどうするかで、菅首相と海江田大臣との間でもめている」と事情を説明した。私は細野補佐官に次のように述べた。

三号機をとめるだけで、効果は十分である。他の原発立地県の知事たちは、浜岡原発三号機の動きをものすごく注視している。三号機が再開できなければ、これから定期点検に入る各県の原子炉の再開も危ぶまれるとみているのだ。四月に原子力発電所をもつ道・県知事の会合があり、その点は確かめている。また、四、五号機を突然停止要請すれば、影響が大きすぎる。どのみち四、五号機は来年春には定期点検で止まり、その後は再開できない。さらに、この夏の電力需要、冬の電力需要の増加期に四、五号機で供給ができる。

細野首相補佐官は私の意見に理解を示した。電話での意見交換はかなり時間をかけたものであった。補佐官からは福島第一原発の状況についての説明があった。

そのまま時間がたち、午後六時過ぎになってようやく、海江田大臣から電話があり、「三、四、五号機のすべての停止を中電に要請した。七時過ぎに首相が記者会見で発表する。その時までは知事かぎりにしてください」との内容であった。

首相会見のあと、同日午後九時前、水野中電社長から電話が入り、幹部会を開いて対応を検討している。すべての原子炉を止めれば、東電への電力補給はできないし、夏や冬には西日本から補給を仰がねばならない、と窮状を訴えられた。私は細野氏に話した内容を伝え、中電独自の判断も期待した（結果は、その後の二度の取締役会で首相の要請を受け入れ、五月十四日に浜岡原発は全面停止になった）。

翌五月七日、午後二時頃に菅首相から電話が入った。「あれでよかったでしょ。

川勝知事の発言をよく調べて、海江田大臣と見解を一致させました」とのことであった。私は、細野補佐官に話した内容を告げ、「四、五号機まで止める必要はないと思っていたが、国民の安全・安心を第一義に考えた点で、首相の決断を高く評価する」と応じた。

もし、浜岡原発が福島第一原発のような放射能漏れの事故を起こしたならば、二〇キロ圏内は警戒区域になる。二〇キロ圏内には、東名高速道路、新幹線が走っており、空港があり、また御前崎港がある。自動車・鉄道車両・飛行機・船舶も不通になり、日本は東西に二分され、静岡県は陸の孤島になる。浜岡原発はそのような危機をはらんだ施設である。

（二〇一一年六月二十二日）

東北の復興は東北人の手で

増田寛也

津波の教訓は活かされたか

貞観十一（八六九）年、陸奥国を巨大な地震が襲った。国の正史としては最後となる『日本三代実録』には、おおよそ次のような記述がみられる。

「陸奥国、地大いに震動りて、流光昼の如く陰映す。しばらくのあいだに人民叫び、伏して起つ能はず、或は屋倒れておされ死に、或は地裂けて埋れ死にき。馬牛は驚き奔りて或は相昇り踏む。城郭倉庫、門櫓牆壁のくづれくつがえるものは其の数を知らず。海口（みなと）は哮吼えて、声いかづちに似、なみ（驚濤）湧き上がり、くるめ（泝洄）き、みなぎりて忽ちに城下に至り、海を去ること数十百里、浩々としてそのはてをわきまえず、原野も道路もすべてうみ（滄溟）となり、船に乗るにいとまあらず、山に登るも及び難くして、溺れ死ぬる者千ばかり、たから（資産）も苗もほとほと残るもの無かりき。」

当時の人口は約五〇〇万人（推定）であり、溺死者一千人は現代では約二万人規模の被害と想定される。おどろおどろしい光景といい、痛ましい死者数といい、まさに今回の被害そのままではないか。東日本大震災が「千年に一度」の巨大地震だったといわれるゆえんはここにある。最近の地質学的調査により、仙台平野は内陸三〜四キロメートルまで浸水、『実録』の記述がほぼ事実であることが判明した。しかも、災害はこれだけに終らなかった。その後、地震は八七八年に関東地震（相模、武蔵で大被害）、八八七年に仁和五畿七道地震（大坂湾に津波襲来、関西各地で大被害、東南海・南海の連動型地震ともいわれる）と西日本に移動しながら立て続けに発生し律令国家の崩壊を導いた。朝廷は動揺し、人心は乱れ、人々は阿弥陀仏などの浄土信仰に走った。平泉（岩手県）を中心とする浄土思想の原点は貞観地震にあるとされるが、かの地がおよそ千年後、東日本大震災発生の年である本年六月にユネスコの世界文化遺産に登録されたことには、何か因縁めいたものを感ずる。そして、平安時代の歴史を辿れば、われわれは今後、少なくとも二〇〜三〇年の間は首都直下型地震、東海、東南海、南海の三連動地震や巨大津波の発生に最大限の警戒と準備をしていかなければならないのである。

東北の三陸海岸はリアス式の地形から過去、幾度か津波に襲われてきた。このため、津波防災の意識は高く、わが国で最も津波に対する備えが出来上がっていた地域ではないか。備えの基本は人工の構造物である防潮堤、防波堤などと避難路を通じた高台避難との組み合せであり、くり返し防災訓練を行っては避難の確認をしてきた。私は、平成七（一九九五）年から十九（二〇〇七）年まで一二年間、今回の被災地である岩手県の知事を務めたが、毎年一度はこうした訓練を主催し参加してきた。にもかかわらず今回、無惨にも構造物は完膚なきまでに破壊され、多くの犠牲者を出すに至ったことは痛恨の極みである。

ここで、以前、岩手県宮古市姉吉地区に建つ「大津浪記念碑」を訪れたことを思い出す。その石碑には「高き住居は児孫の和楽　想え惨禍の大津浪　此処より下に家を建てるな」との警句が刻まれている。姉吉地区は明治二十九（一八九六）年の明治三陸大津波、昭和八（一九三三）年の昭和三陸大津波で「部落は全滅　生存者はわずかに前は二人と後に四人」と碑に刻まれている。その後集落の人々はこの先人の教えを忠実に守り、災禍を免れてきた。同地区の住民四〇人は石碑より山側に住居を建て、今回も他地区に出かけて行方不明の人四人を除くと住居も含めて皆無事であった。碑は最後に「幾年経るも用心あれ」で結ばれているが、被災地では今後高台移転と低地での建築制限が重要なテーマとして議論となろう。

高台移転については、岩手県大船渡市の吉浜地区（旧吉浜村）が集落全体の移転の先駆的なモデルといわれている。ここは人口約一四〇〇人ほどの地区だが、明治と昭和の二度の津波で大きな被害を出している。そこで当時の村長が私財まで投じて住民から土地を買い上げたうえで移転を進め、また、明治の津波の後、村は大金五万円を投じて低地の集落跡を開墾し水田とした。住民は漁業を中心に稲作や木炭、酪農などを試み、吉浜のアワビは香港では「キッピンアワビ」と呼ばれ、最高級品の扱いを受けている。今回も水田は海水に洗われたが、住居は二棟が波にさらわれただけで、ほとんど無傷のままであった。この規模の移転となれば集落のリーダーの力量が問われよう。それと同時に、低地で地盤沈下などにより浸水している土地の所有権を政府が買い上げるのかどうか、いわゆる土地の権利関係を政府がどのように処理するのか、一刻も早くその方針を示す必要がある。明治以後だけでも今回を含めて四回の津波に見舞われた災禍をくり返さないためにも、政府による土地の買上げといった従来より二歩も三歩も突っ込んだ思い切った措置が必要となろう。

三陸地域には「津波てんでんこ」という言い伝えがある。度々津波に襲われた苦い歴史から生まれた言葉で、「津波の時は親子でも構うな。それぞれがてんでばらばらになっても早く高台に行け」という意味をもっている。明治の津波の時に、家族が助け合おうとして逃げ遅れ、多くの犠牲者を出す例が相次いだ。その反省から生まれた言葉が「てんでんこ」で、一見自分中心主義のようだが、そこに家族の深い信頼があって初めて実現する奥深い言葉だ。今回も、「自分一人で避難することは心苦しかったが、お互いに『必ず避難してくれている』と信じ合うことで命が助かり、その後、避難所で家族と再会できた」という声が聞かれた。こうした教えの持つ意味のいかに大きいことか、この言葉も次の世代へしっかりと伝えなければならないものの一つである。

中央依存を地方から打ち破る

ここで明治維新の時に遡ると、東北の各藩は佐幕に回り、奥羽越列藩同盟をつくって戦ったが敗退、明治政府からは長きにわたって冷たい仕打ちを受け続けてきた。東北の地を「白河以北一山百文」と蔑んだ言葉が政府高官から出てきたのはこの頃であり、その意識は中央から見る東北への目線として近年まで続いていたと考えられる。冷害と大飢饉で地域が疲弊し、「身売り」などが行われた苛酷な歴史を持つ東北は、一方で、戦後の高度成長期の日本や東京の繁栄を、労働力を供給することで支え続けてきた。集団就職や出稼ぎで多くの人材を送り出してきた東北を、今、原発事故が襲っている。

東京のために原発を受け入れ、膨大な電気を送り続けてきた福島原発の立地地域をはじめ、東北の多くの町は過疎の町でもある。だからこそ原発や核燃料の再処理施設など原発関連施設の多くは東北に立地している。その立地の見返りとして、地元市町村には巨額の交付金が交付された。雇用の場も生み出された。しかし、例えば雇用の場とは、今、事故を起こした原発を制御するために、決死の覚悟で原発の中で働く下請企業でもあった。何も今ここで東北の受難の足取りを一つひとつ明らかにしてその仕掛人を問いただすつもりはない。しかし、こうした片務的とも言えるほどの不条理な関係はここらで終わりにすべきである。

また、被災地では政府の支援策が後手後手に回っていることからも、政府や中央に対して極めて複雑な感情を有していることを忘れてはならない。

政府が設置した「東日本大震災復興構想会議」の第一次提言が六月末に出された。これを受けて政府の復興プランが夏頃にはまとめられよう。しかし、地域の多様性を無視して上から復興プランを押し付けるようなことはあってはならない。明治期には「白河以北一山百文」の地であったが、さらに中世まで辿れば、十二世紀には奥州藤原氏が金を背景に栄華を極め、戦乱犠牲者の鎮魂のため平泉に中尊寺を建立した。当時の都である平安京の争乱をよそに、高い文化と繁栄を築いた歴史を有しているのがこの東北の地である。だからこそ、「東北=辺境」という東京からの目線では決して描くことのできない新しい東北像、自立の気概に満ちたその姿をここで、地元主導で描き出さないといけないだろう。

中央と東北、あるいは東京と東北の関係と距離感は実に複雑である。そして、この両者の関係の中で過去の東北のあり方は議論されてきた。ところが、今回の津波被害では、岩手県の救済のために一早く静岡県が立ち上がった。中央でも東京でもない、一地方に過ぎないといったら甚だ失礼になるが、まさに一地方である静岡県が、総力を挙げて支援に乗り出した。今回の対談者である川勝平太知事の見事なリーダーシップの下、雪の舞う寒さ厳しき遠野を拠点に、被災地の復旧、復興のために現在に至るも多くの職員が走り回っている。謙虚にして献身的に振る舞うその姿は多くの岩手県民の瞼に焼き付いている。私からも心から感謝を捧げたい。

こうした中央を抜きにした各自治体間の支援・協力が行われたのが今回の特徴である。しかも、静岡と岩手の関係のように、担当県を長期に固定する方式がとられたことは特筆に価する。関西広域連合も支援の相手県について、兵庫県、鳥取県と徳島県は宮城県へ、大阪府と和歌山県は岩手県へ、京都府と滋賀県は福島県へと相手先を固定化して、効果をあげている。これは中国四川大地震の時に中国政府が用いた対口《たいこう》支援という方式である。この方式によればどの自治体をどこが支援するか明確となり、支援する側にも責任感が生まれる。また、派遣者が途中で交代しても同じ派遣元の自治体の中で引継ぎがスムーズに行われるなど有効な点が多い。何よりも中央の指示の下に動くという構造、逆にいえば、中央の指示がなければ動かないというこれまでの構造を、地域から打ち破った点に大きな意義を有しているのではないか。

このような地域主導の動きと被災地で見られた「共助」の精神、共同体としての見事なほどの機能発揮に東北の復興に向けての鍵がある。

未来のために

今後、復興のデザインが各県それぞれから出てくるだろう。各県が主体的に描くということは重要なことであるが、東北全体としての統一性に留意した骨太の東北像を示すことが重要である。これは、日本の国家像をどう構想するかの議論ともつながる。その上で、実行のための行政組織は強力な組織として被災地である東北にその拠点を置くべきである。

大正十二(一九二三)年の関東大地震では、直前まで東京市長を務めた後藤新平が、内相兼帝都復興院総裁に就任し、強力にリードした。

後藤は内相に就任したその晩のうちに、①遷都はしない、②復興費は三〇億円、③欧米の最新の都市計画を適用する、などの基本方針をまとめた。そして、四日後には「帝都復興の議」を閣議決定した。その内容は①復興に関する特設官庁の新設②復興経費は原則国債、財源は長期の内外債を発行③被災地は公債を発行して買収し、土地を整理した上で売却・貸し付けるという大胆なものであった。

後藤はその二〇日後には首相直属機関で省と同格の帝都復興院を発足させ、自ら総裁に就任した。復興院は計画局、建築局、土地整理局などで構成、復興に関する権限を集中して、人員は内務省、鉄道省などから約六〇〇人の精鋭を招集、七ヶ年の復興計画をまとめたのは、発足からわずか二ヶ月後であった。復興院は首都である帝都の復興という性格上、国直轄の組織ではあったが、その権限の強力さと何よりもそのスピード感には圧倒される。こうした強力な組織を短期間にまとめあげるには後藤の力量に頼るしか他に道は無く、ここは、彼の真骨頂が十分に発揮された場面でもあった。

翻って、今回の大震災後の復興に当たって、今の政界の中で誰か後藤新平に匹敵する人物がいるかと問われれば、残念ながら否と答えるしかない。しかし、後藤といえども、すべてを彼一人の力で行ったわけでは決してない。後藤のためなら全力で協力する有能な内務官僚、鉄道技術者、一流の学者がいた。

東日本大震災では、どのようにすれば良いか。政府の役割は、復興を制度面、財政面で全面的に後押しすることだ。政府が復興の骨太の基本方針を掲げ、具体的な各地の復興計画の絵姿は地元が描く。その際には、地域の内外の知恵を総結集する。海外の知恵も招き寄せることが必要だ。こうした地域のリーダーシップで新しい東北の姿につなげていくことができるか否か。これからの日本の将来にとって重要な挑戦が始まる。

三月十一日を境にして、東北の風景は一変した。かの地には多くの涙が流れた。様々な儀式や式典のほとんどが中止となった。しかし、その悲しみの中で卒業式は整然と行われた。各地の避難所となっている体育館から被災者に見守られて多くの卒業生が巣立っていった。彼らの未来のために、東北の地を東北人の手で必ず復興させなければならない。

（二〇一一年六月二十三日）

編集後記

本鼎談は、東日本大震災発生から約四〇日を経た四月二十二日午前十一時から小社の催合庵にて行われた。当初は、お昼をはさんで二時間くらいの討論と考えていたが、二時間を過ぎても議論はますます白熱の度を深め、食事を摂るのも忘れ、二時半頃ようやく一つの締めとなる機を迎えた。東日本大震災の現状認識から復旧・復興への議論であり、しかも、増田氏は、数年前まで岩手県知事を務められていたこともあって、話は終始具体的なことに及んだ。

その後、日々状況は変化しているが、震災発生後約百日にあたる六月二十日過ぎの時点で、鼎談内容を補足する論考を書下ろしていただいた（本書第Ⅱ部）。

静岡県知事の川勝氏の呼びかけで行われた企画であるが、このたびの未曾有の大震災が、今後の日本の方向性を決定づける重要な契機であるということで、三者共意見を一にしたことは疑いない。

三人の論者による真摯な議論が、「東日本大震災」に遭遇したわれわれにとって、日本の未来を考えるうえでの手がかりになれば幸いである。

二〇一一年七月

藤原書店店主　藤原良雄

著者紹介

川勝平太（かわかつ・へいた）

1948 年京都生まれ。静岡県知事。専攻・比較経済史。

早稲田大学大学院で日本経済史，オックスフォード大学大学院で英国経済史を修学。D.Phil.（オックスフォード大学）。早稲田大学教授，国際日本文化研究センター教授，静岡文化芸術大学学長などを歴任し，2009 年 7 月より現職。

著書に『日本文明と近代西洋——「鎖国」再考』（ＮＨＫブックス）『富国有徳論』（中公文庫）『文明の海洋史観』（中央公論新社）『海から見た歴史』『アジア太平洋経済圏史　1500-2000』（編著，藤原書店）など多数。

東郷和彦（とうごう・かずひこ）

1945 年長野生まれ。京都産業大学世界問題研究所長。東京大学教養学科卒業。2009 年ライデン大学で博士号。1968 年外務省入省。三回のモスクワ大使館勤務，条約局長，欧亜局長，オランダ大使などをへて，2002 年退官。以後，ライデン大学，プリンストン大学，ソウル国立大学などで教鞭をとった後，2010 年 4 月より現職。2011 年 4 月より静岡県対外関係補佐官。
著書に『北方領土交渉秘録——失われた五度の機会』（新潮文庫）『歴史と外交——靖国・アジア・東京裁判』（講談社現代新書）『戦後日本が失ったもの——風景・人間・国家』（角川 one テーマ 21）*Japan's Foreign Policy 1945-2009: The Quest for a Proactive Policy* (Brill) など。

増田寛也（ますだ・ひろや）

1951 年東京生まれ。株式会社野村総合研究所顧問，東京大学公共政策大学院客員教授。元総務大臣，前岩手県知事。東京大学法学部卒業。77 年建設省入省。千葉県警，茨城県の課長を歴任し，94 年建設省退官。95 年より 07 年まで岩手県知事（3 期）。07 年より 08 年まで総務大臣。09 年 4 月より現職。
著書に『地域主権の近未来図』（朝日新書）『「自治」をつくる』（共著，藤原書店）など。

「東北《とうほく》」共同体《きょうどうたい》からの再生《さいせい》——東日本大震災《ひがしにほんだいしんさい》と日本《にほん》の未来《みらい》

2011年7月30日　初版第1刷発行©

著　者　川　勝　平　太
　　　　東　郷　和　彦
　　　　増　田　寛　也

発行者　藤　原　良　雄

発行所　株式会社　藤　原　書　店

〒162-0041　東京都新宿区早稲田鶴巻町523
電　話　03（5272）0301
FAX　03（5272）0450
振　替　00160‐4‐17013
info@fujiwara-shoten.co.jp

印刷・製本　中央精版印刷

落丁本・乱丁本はお取替えいたします
定価はカバーに表示してあります

Printed in Japan
ISBN978-4-89434-814-1

「後藤新平の全仕事」を網羅！

『〈決定版〉正伝 後藤新平』別巻
後藤新平大全
御厨貴編

巻頭言 鶴見俊輔
序 御厨 貴

1 後藤新平の全仕事（小史／全仕事）
2 後藤新平年譜 1850–2007
3 後藤新平の全著作・関連文献一覧
4 主要関連人物紹介
5 『正伝 後藤新平』全人名索引
6 地図
7 資料

A5上製 二八八頁 **四八〇〇円** （二〇〇七年六月刊）
◇978-4-89434-575-1

後藤新平の〝仕事〟の全て

後藤新平の「仕事」
藤原書店編集部編

郵便ポストはなぜ赤い？ 新幹線の生みの親は誰？ 環七、環八の道路は誰が引いた？ 日本人女性の寿命を延ばしたのは誰？――公衆衛生、鉄道、郵便、放送、都市計画などの内政から、国境を越える発想に基づく外交政策まで「自治」と「公共」に裏付けられたその業績を明快に示す！

写真多数 ［附］小伝 後藤新平
A5並製 二〇八頁 **一八〇〇円** （二〇〇七年五月刊）
◇978-4-89434-572-0

今、なぜ後藤新平か？

時代の先覚者・後藤新平
〈1857-1929〉
御厨貴編

その業績と人脈の全体像を、四十人の気鋭の執筆者が解き明かす。

鶴見俊輔＋青山佾＋粕谷一希＋御厨貴／鶴見和子／苅部直／中見立夫／原田勝正／新村拓／笠原英彦／小林道彦／角本良平／佐藤卓己／鎌田慧／佐野眞一／川田稔／五百旗頭薫／中島純 他

A5並製 三〇四頁 **三二〇〇円** （二〇〇四年一〇月刊）
◇978-4-89434-407-5

二人の巨人をつなぐものは何か

往復書簡
後藤新平―徳富蘇峰 1895–1929
高野静子編著

幕末から昭和を生きた、稀代の政治家とジャーナリズムの巨頭との往復書簡全七一通を写真版で収録。時には相手を批判し、時には弱みを見せ合う二巨人の知られざる親交を初めて明かし、二人を廻る豊かな人脈と近代日本の新たな一面を照射する。**【実物書簡写真収録】**

菊大上製 二一六頁 **六〇〇〇円** （二〇〇五年一一月刊）
◇978-4-89434-488-4

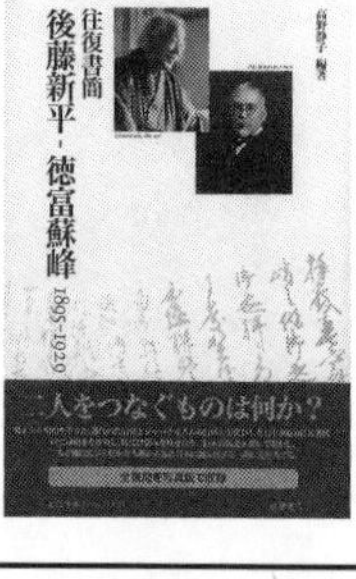

シベリア出兵は後藤の失敗か？

後藤新平と日露関係史

〈ロシア側新資料に基づく新見解〉

V・モロジャコフ
木村汎訳

ロシアの俊英が、ロシア側の新資料を駆使して描く初の日露関係史。一貫してロシア／ソ連との関係を重視した後藤新平が日露関係に果たした役割を初めて明かす。

第21回「アジア・太平洋賞」大賞受賞

四六上製　二八八頁　**三八〇〇円**
（二〇〇九年五月刊）
◇978-4-89434-684-0

知られざる後藤新平の姿

無償の愛

〈後藤新平、晩年の伴侶きみ〉

河﨑充代

「一生に一人の人にめぐり逢えれば、残りは生きていけるものですよ。」後藤新平の晩年を支えた女性の生涯を、丹念な聞き取りで描く。初めて明らかになる後藤のもうひとつの歴史と、明治・大正・昭和を生き抜いたひとりの女性の記録。

四六上製　二五六頁　**一九〇〇円**
（二〇〇九年一二月刊）
◇978-4-89434-708-3

総理にも動じなかった日本一の豪傑知事

安場保和伝 1835-99

〈豪傑・無私の政治家〉

安場保吉編

「横井小楠の唯一の弟子」（勝海舟）として、鉄道・治水・産業育成など、近代国家としての国内基盤の整備に尽力、後藤新平の才能を見出した安場保和。気鋭の近代史研究者たちが各地の資料から、明治国家を足元から支えた知られざる傑物の全体像に初めて迫る画期作！

四六上製　四六四頁　**五六〇〇円**
（二〇〇六年四月刊）
◇978-4-89434-510-2

名著の誉れ高い長英評伝の決定版

評伝 高野長英 1804-50

鶴見俊輔

江戸後期、シーボルトに医学・蘭学を学ぶも、幕府の弾圧を受け身を隠していた高野長英。彼は、鎖国に安住する日本において、開国の世界史的必然性を看破した先覚者であった。文書、聞き書き、現地調査を駆使し、実証と伝承の境界線上に新しい高野長英像を描いた、第一級の評伝。

口絵四頁

四六上製　四二四頁　**三三〇〇円**
（二〇〇七年一一月刊）
◇978-4-89434-600-0

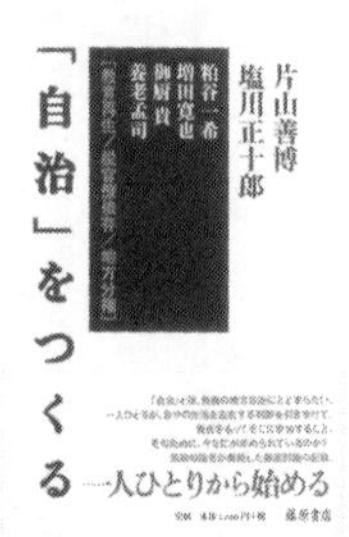

片山善博
塩川正十郎
粕谷一希
増田寛也
御厨貴
養老孟司
「自治」をつくる
一人ひとりから始める

村井哲也
戦後政治体制の起源
吉田茂の「官邸主導」

中村良夫
都市をつくる風景
「場所」と「身体」をつなぐもの
"風景"を通じて考える、
日本型都市の創造への道

橋爪紳也
「水都」大阪物語
【再生への歴史文化的考察】
多数の貴重な図版で描く
「水の都」の歴史・現在・未来

市民活動家の必読書

NGOとは何か
〈現場からの声〉

伊勢﨑賢治

アフリカの開発援助現場から届いた市民活動（NGO、NPO）への初のラディカルな問題提起。「善意」を「本物の成果」にするために何を変えなければならないかを、国際NGOの海外事務所長が経験に基づき具体的に示した、関係者必読の開発援助改造論。

四六並製　三〇四頁　**二八〇〇円**
（一九九七年一〇月刊）
◇978-4-89434-079-4

一日本人の貴重な体験記録

東チモール県知事日記

伊勢﨑賢治

練達の〝NGO魂〟国連職員が、デジカメ片手に奔走した、波瀾万丈「県知事」業務の写真日記。植民地支配、民族内乱、国家と軍、主権国家への国際社会の介入……。難問山積の最も危険な県の「知事」が体験したものは？

写真多数
四六並製　三二八頁　**二八〇〇円**
（二〇〇一年一〇月刊）
◇978-4-89434-252-1

国家を超えたいきかたのすすめ

NGO主義でいこう
〈インド・フィリピン・インドネシアで開発を考える〉

小野行雄

NGO活動の中でつきあたる「誰のための開発援助か」という難問。あくまで一人ひとりのNGO実践者という立場に立ち、具体的な体験のなかで深く柔らかく考える、ありそうでなかった「NGO実践入門」。

写真多数
四六並製　二六四頁　**二二〇〇円**
（二〇〇二年六月刊）
◇978-4-89434-291-0

「赤十字」の仕事とは

「赤十字」とは何か
〈人道と政治〉

小池政行

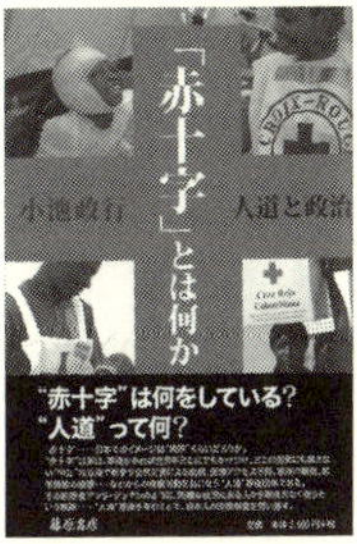

〝赤十字〟は、要請があればどこにでもかけつけ、どこの国家にも属さない〝中立〟な立場で救援活動をおこなう〝人道〟救援団体である。創始者アンリ・デュナンのように、困難な状況にある人々を敵味方なく救うという〝人道〟意識を育むことで、日本人の国際感覚を問い直す。

四六上製　二五六頁　**二五〇〇円**
（二〇一〇年四月刊）
◇978-4-89434-741-0

1989年11月創立 1990年4月創刊

一九九五年二月二七日第三種郵便物認可 二〇一一年七月一五日発行（毎月一回一五日発行）

月刊

機

2011
7
No. 232

発行所 株式会社 **藤原書店**©
〒一六二–〇〇四一 東京都新宿区早稲田鶴巻町五二三
電話 〇三・五二七二・〇三〇一（代）
FAX 〇三・五二七二・〇四五〇
◎本冊子表示の価格は消費税込の価格です。

編集兼発行人
藤原良雄
頒価 100円

現代人は“文明という病”から脱却することが可能か？ 大特集!!

Photo by Ichige Minoru

「東日本大震災」

――学芸総合誌・季刊『環』最新特集

学芸総合誌・季刊『環』夏号は、「東日本大震災」を特集する。3・11以後、われわれは何を変えることを余儀なくされたのか？　経済は勿論、社会のありかたも思考もすべて変わらざるを得ない。現代に生きるわれわれが「自然」の一部にすぎない、ということをいつのまにか忘れていた。ならば、本当にその原点に立つことが出きるか、それが今問われている。

編集部

● 七月号目次 ●

花を奉る

石牟礼道子

春風萠《きざ》すといえども　われら人類の劫塵《ごうじん》いまや累《かさ》なりて　三界
いわん方なく昏《くら》し
まなこを沈めてわずかに日々を忍ぶに　なにに誘《いざな》わるるにや
虚空はるかに　一連の花　まさに咲《ひら》かんとするを聴く
ひとひらの花弁　彼方に身じろぐを　まぼろしの如くに視《み》れば
常世なる仄明りを　花その懐に抱けり
常世の仄明りとは　あかつきの蓮沼にゆるる蕾《つぼみ》のごとくして
世々の悲願をあらわせり　かの一輪を拝受して　寄る辺なき今《こん》
日《にち》の魂に奉らんとす
花や何　ひとそれぞれの　涙のしずくに洗われて咲きいずるなり

Photos by Ichige Minoru

花やまた何　亡き人を偲ぶよすがを探さんとするに　声に出《いだ》せ
ぬ胸底の想いあり　そをとりて花となし　み灯りにせんとや願う
灯らんとして消ゆる言の葉といえども　いずれ冥途の風の中に
て　おのおのひとりゆくときの花あかりなるを　この世のえに
しといい　無縁ともいう
その境界にありて　ただ夢のごとくなるも　花
かえりみれば　まなうらにあるものたちの御形《おんかたち》　かりそめの
姿なれども　おろそかならず
ゆえにわれら　この空しきを礼拝す
然《しか》して空しとは云わず　現世はいよいよ地獄とやいわん　虚無
とやいわん
ただ滅亡の世せせまるを待つのみか　ここにおいて　われらなお
地上にひらく　一輪の花の力を念じて合掌す

二〇一一年四月二十日

「自治」に根ざした「東北」自身による復興の未来像とは？

「東北」から世界を変える

川勝平太
増田寛也
東郷和彦

復興の基盤としての地域共同体

▲増田寛也氏（1951-　）

増田寛也　岩手県、宮城県を含む三陸地域での大きな津波災害というのは明治以降は三回、明治二十九（一八九六）年、昭和八（一九三三）年、昭和三十五（一九六〇）年です。明治二十九年の津波は、二〇〇五年のスマトラ沖地震までは世界最大の津波被害といわれていたもので、当時二万二千人の方が亡くなりました。そして昭和八年にふたたびあって、昭和三十五年はチリの地震による津波です。（…）こういう地域ですが、それにしても今回は、マグニチュード九・〇という、過去をすべて上回る大変大きな津波災害が発生しました。

（…）合わせて、原発事故を契機として電力が相当数失われました。地理的には東北を中心とした津波災害だけでなく、電力喪失を通じて、東日本のみならず、全国民がなんらかの痛みを負うという、自然災害を契機としたものとしては今までにはない大きな規模の災害になってしまった。自然災害は天災といわれますが、そこに原発制御の失敗という人災の要素も加わって、全国スケールの災害に変わってきているということがあると思います。

今後につながるという意味で一つ申し上げたいのは、最初は人命救助、救命救急が急がれるなかで、今回は被災した自治体以外の全国の自治体がすばやく現地に入って、自治体間の連携の強さというものがあらためて出てきたのではないかと思います。人命救助といった当初の立ち上がりの段階から、いろいろ動いてくださった。

そして、それにも増して地域の「共助」、

地域の共同体の強さがはじめに出てきて、全世界が称賛するような、乏しい毛布だとか食べ物をみんなで寒いなかでも分け合いながら、整然と秩序だった対応をしてくださった。これは日本のなかで最もそういう共同体の意識が残っている三陸地域ならではのことだったのではないかと思います。

東北から「新しい文明」の創造を

東郷和彦

▲東郷和彦氏（1945-　）

私はずっと外務省で仕事をして、外務省を辞めてからほぼ一〇年は外の仕事をしてきました。平成になって二〇年以上経ちますが、明らかに日本は漂流してきている。世界のなかにおける日本の地位がどんどん下がってきている。如何ともしがたい焦燥感に駆られて、この二〇年、日本を見てきたのですが、この天の試練に日本人全体が力を合わせて新しい東北をつくることができれば、それは新しい国家目標になり、かつ世界の中での日本の立場というのは、まったく変わる。

そのうえ、原発の問題が出てきている。最近、私はこれも天の試練だと考えています。ですからこの原発問題を跳ね返して新しい日本をつくる。二つの課題が出たわけですけれども、その両方をちゃんとやることができれば——そしてやらなくてはいけないと思いますが——、最終的に日本は「二十一世紀文明の理想郷」をつくることができるのではないかと思っています。

しかし、それをどう実現するのか。(…)いくつか絶対に押さえなくてはいけない局面があると思うのですが、まず第一に、苦しまれた方ご自身です。いまの苦しみを、とりあえず普通に生活できるところまで戻すというのが喫緊の課題で、それが実現できなければ、今ここで私がさらに申し上げたい復興に向かっての大きなヴィジョンというのも、本当にむずかしいと思います。でもそれをなんとかやりつつ、しかしその人たちが、ああ、やってよかった、新しい東北をつくって本当によかったというものにしなくてはいけない。

では、それが実際にどうできるかというと、二番目の局面としては、市町村から県に至る地方自治体からの発信が不可欠だと思います。それはこの一〇年ぐらい、今後の日本をどうするかいろいろ議論したなかで、日本はもう中央集権だけではだめだと、地方発信でなければだめだという声がいろんなところに満ち満ちていたわけで、それをまさに東北発でやらなくてはいけないと思うんです。

しかし、「東北発」といって現地と県の人たちの声があるだけでもだめで、やはり国すなわち政府がそこにちゃんとかんで、政府としての責任を果たす。これが第三の局面です。四番目に、国民一人一人です。震災発生の当初、日本人はみんな連帯感をもって、日本中から助けに行こうというような雰囲気がありましたが、しかしこの復興の段階になって、日本人の力がさらに本当に結集できるのか。いまの時点では、そこまで日本人は覚悟が徹底してないのではないか。逆にいうと、それだけの危機感をまだ日本人はもってないのではないかという気がするんです。でも、そこをなんとか自覚しこの四つのレベルでもって力を集めていかなくてはいけないというのが、次に私の申し上げたいことです。

しかし最後に、これを日本人だけの作業にしては絶対にいけないと思うんです。これを世界に対して呼びかける。今までのところ、たとえば日米同盟の観点で米軍がいろいろ動いてくれた。原子力に関してはフランスも入ってきている。けれども、復興の段階で、世界の知恵、世界のアイディア、世界の技術、そういうものを被災地に入れていくというところまで、まだ考えてきてないと思うのです。でも、「二十一世紀文明の理想郷」にまでもっていくためには、日本はオープンにして、そういう世界の知恵を入れていくというプロセスが、私は絶対に必要なのではないかと思うのです。

日本の復興のモデルとしての「東北」

川勝平太

日本人は昔から地震災害からは立ち直ってきました。地震や津波からは立ち直れます。ただ、三陸の津波の破壊力は想像を絶するもので、すさまじい光景でした。津波が襲ってきたところは一網打尽です。堤防も破壊され、人力でかなうものではない。

静岡県は温泉旅館が日本で一番多い。避難所で生活されている方々を、一人でも二人でも、もちろん数百人でも、いっしょにお連れするつもりでしたが、「苦しみも悲しみも皆いっしょです」「いっしょに立ち直りたい」といわれる。強いコミュニティの絆があり、感動しました。

これは復興の原点だと思いました。

　それを実感し、私は岩手県は復興できると確信しています。同じ悲劇をくり返してはならないので、それを最もよく知っている岩手県の方たち自身に、復興の仕方について、よく考えていただきたい。

　宮城県の女川原発は海抜一四・八メートルのところに建てられたので、津波の難を逃れました。原発事故がおこったときには、三つの原則があります。まず「停める」、つぎに「冷やす」、そして「閉じ込める」です。女川は最初の「停める」ことができて被害を最小限に食い止めました。宮城県も私は復興できると思う。

▲川勝平太氏（1948-　）

　ところが、福島県は違います。原発事故は日本史上初めてです。当初、政府は福島第一原発から三キロ以内に避難命令、三キロから一〇キロは自宅待機を命じた。今では二〇キロ以内が警戒区域で立ち入り禁止。共同体が大地から切り離されました。東北三県の被災地で、共同体が残りえたところと、失われたところとでは、大きな違いです。福島の原発周辺地域では復旧すらあやうい。
　この震災は静岡県にとって他人事ではありません。静岡県にはリアス式海岸の伊豆半島があり、海岸線は五〇五キロで、津波に襲われたこともあり、また起こりうる。また、東海・東南海・南海地震が三連動で起こりうる。東海地震のマグニチュードは八・〇、東海・東南海が連動すれば八・四、それに南海が連動すれば八・七です。東海地震を想定して訓練してきました。また、浜岡原発があります。さらに、活火山である富士山があります。災害条件がすべてそろっています。
　訓練はつねに本番のつもりです。それがいま生かされています。救援活動は同時に防災力を高める学習でもあります。静岡県では防災力を高めるつもりで救援に従事しています。東北の復興は、静岡のような他の地域を含めて日本の復興のモデルになりうる。われわれは東日本大震災をわが事ととらえ、復興に全面的に協力し、われわれにとっての新しい地域づくりの指針にします。

（構成・編集部）


（ますだ・ひろや／前岩手県知事、元総務大臣）

（とうごう・かずひこ／元オランダ大使）

（かわかつ・へいた／静岡県知事）

＊全文は『環』46号、『「東北」共同体からの再生』（今月刊）に掲載

『黒船前夜』の大佛次郎賞受賞を機に、歴史叙述の真髄を語る

独学者の歴史叙述

渡辺京二
新保祐司

「独学者」の歴史叙述

▲新保祐司氏

新保　橋川文三さんと渡辺先生に共通しているのは、深い意味で「独学者」だということです。形式的・制度的な学問ではなく、『黒船前夜』でも、まさに漂流民というのがポイントになっていますが、文化の漂流民のように流れて、漂着したところのものを取り上げる。そうした自由さと偶然性を生かし切る独学者ならではの逞しさがある。学問があまりに制度化・体系化した今日において、そうしたところにこそ、橋川さんや先生のユニークさがあります。

渡辺　橋川さんは、おそらく小説を書こうと思ったら書けた方だったでしょうね。文学性の濃い方で、文学に対する理解という点でも非常にレベルが高かった。文学を一つの軸にした歴史、思想史が書けた。だから三島由紀夫が惚れたんですね。三島が、学者の中で文章が書けるのは橋川一人だ、と言ったんです。僕も文学をやりたくて文学者になれなかったわけですから、そういう文学に対する自分の思いが、歴史を書くことにつながっている。そういう点では、橋川さんと似たところがあるかもしれない。

▲渡辺京二氏

新保　歴史叙述ですね。『黒船前夜』も歴史叙述ですが、これこそ、文章表現として最も質の高いものであるべきです。日本では、下らないものであっても小説の方が上だと思われがちですが、本来は、歴史叙述こそ、最高の知的表現であって、大佛次郎もそれを『天皇の世紀』でやったわけです。ですから、今回の御本は、久々に大佛次郎賞にふさわしい作品であったと思います。

渡辺　いやいや、そんなことはないですよ。

新保　対象がないので小説にも与えたりしていますが、単なる論文、あるいは小説

や物語ばかりで、大佛さんがイメージしている歴史叙述、ある意味で、この最高の知的行為がいま非常に貧弱になっている。

渡辺　見識というか、鑑賞眼というか、読書あるいは自分の文章を書いてきたという修練の中で、やはりそれなりのものを持たないと、そういう歴史叙述にはならないですね。歴史を素材にして、いろいろ続き物を書いて、今の読書界に訴える面白いものを書ける人はいる。そういう方はそれなりの勉強もしていらっしゃる。けれども、そういう方が例えば日本の現状について発言しているのをみると、なんてことはない。新聞の論説委員が書くようなことしかおっしゃらない。一つの透徹した自分自身の歴史哲学というか、「人間とは何か」ということについての見極めなどは持たずに、面白く、華やかな歴史物語を書く方はいらっしゃいますが、歴史叙述は最高の知性がやるべきだということには日本はなっていない。しかし、ヨーロッパには、そういう伝統がありますよね。

エピソードを拾い出す楽しみ

新保　『黒船前夜』の「あとがき」で、「歴史という物語を編む楽しさが捨てがたい。史料からエピソードを拾い出す楽しみといってもよい」と書かれていますね。史料とエピソードは違う、と。

渡辺　西洋の歴史家は、そんな史料を生では使わない。だから読める。西洋の歴史書は、相当専門的な本でも、例えばマルク・ブロックの『封建社会』にしても通読可能です。ところが日本の歴史家のものは、努力して読もうとしても通読不可能。日本の歴史家には、「物語がなければいけない」という意識がない。戦前まではあった。戦後の科学的歴史主義でそうなってしまったのか。

新保　しかしそれは、単に文章がうまい、下手だという、そういう表面的なことでごまかせる問題ではないですよね。もっと根底的な問題であって、先生のこの本を読んでいても、人間像が感じられます。この中で一番面白かったのは、奉行、荒尾但馬守成章です。（…）最後のゴローヴニンのところで出てくるんですが、この奉行の描かれ方。

渡辺　老中は馬鹿だけれども、奉行クラスには、優秀なのがいっぱいいる。

新保　優秀なだけでなくて、人間的にもユーモアがあって、公正さもある。

渡辺　江戸人は、ユーモアのセンスに富んでいた。

（後略　構成・編集部）

（わたなべ・きょうじ／評論家）
（しんぽ・ゆうじ／文芸批評家）
＊全文は『環』46号に掲載

『環』46号〈特集・東日本大震災〉

現場から乖離した「原発の安全神話」

【元原発技術者・設計者の証言】

菊地洋一

私は、一九七三年三月から一九八〇年六月までの約七年半、米国の原発関連会社GETSCO（ゼネラル・エレクトリック・テクニカルサービス・カンパニー、後のGEII）の原子力事業部極東東京支社企画工程管理のスペシャリストとして、東海原発第二号機（七八年運転開始）と福島第一原発の六号機（七九年運転開始）の心臓部分である第一格納容器内の建設に深くかかわりました。（…）

私もGEで原発関連の仕事をやり始めるまでは、原子力については何も知りませんでした。米国GE社の子会社GETSCOに就職したのは、仕事上の師でもあった先輩から「原発建設の仕事は原子力の平和利用なので、本当にやりがいのある男冥利に尽きる仕事だ」と強く説得されたからでした。第一次オイルショックで石油の値段が倍増し、（…）日本経済が大混乱をきたしていた時期のことで、しかも「原子力の平和利用」にかけるその先輩の情熱は、被爆都市広島の出身者ならではのものでした。もちろんその先輩だって、僕を騙すつもりではなかったと思いますが、結果的にはその先輩も僕も騙されたことになる。

今になってみれば「原子力の平和利用」などあり得ない。しかし当時、石油資源をほとんど持たない日本が、石油の代替エネルギーを必要としていたのは当然のことでしたので、私だけではなく日本中の人たちが「原発の安全神話」を受け入れ易い時期だったと言えるでしょう。実際、私も、「みんなのためになるのなら」ということで一生懸命働きました。（…）

要するに、私は、人生の一番の働き盛りを原発に捧げました。つくる以上は絶対安全なものをつくらなければならない、ということで、一生懸命働き、血尿まで出ました。炉の基礎コンクリート打設時には朝暗いうちから起き、夜一〇時ぐらいまで、それも命がけの検査をして回りました。次の朝起きてトイレに行くと、おしっこが真っ茶色です。

しかし若かったから、希望に燃えておりました。「永遠の光を現世に与うべく、限りなき奉仕と愛の心もて」（…）、そんな歌詞の母校の歌を歌いながら、毎日現場に行っていました。その（…）結果が、今の福島です。もうたまらんですよ、死ぬまで。

＊全文は『環』46号に掲載

1941年岩手県釜石市生。元原発技術者・設計者。日大（短）卒業後、建築コンサルタントとして様々な建築設計に携わる。現在、鹿児島大学理学部にて「地球環境エネルギー論」非常勤講師。

この大震災を問うことは、自らを問うことだ！

学芸総合誌・季刊

環

【歴史・環境・文明】

2011年夏号 vol.46

KAN : History, Environment, Civilization
a quarterly journal on learning and the arts for global readership

〈特集〉東日本大震災

菊大判 424頁 3780円

金子兜太の句「東日本大震災」　石牟礼道子の句「野辺の花」

〈対談〉独学者の歴史叙述
——『黒船前夜』(大佛次郎賞受賞) をめぐって——　渡辺京二＋新保祐司

中国、グローバル大国への条件
——国際システムはどう変わるか——　J-M・クワコウ＋張瑾(池村俊郎訳)

■特集■ 東日本大震災

「花を奉る」石牟礼道子

〈鼎談〉「東北」から世界を変える——「自治」に根ざした「復興」への道——
川勝平太＋東郷和彦＋増田寛也

〈短期集中連載〉被災地／被災者の「声なき声」1　被災地、石巻から
高成田享／秋山裕宏／李東勲／佐々木和子／押切珠喜／須田賢一／小野寺光雄／三浦あけみ／須能邦雄／布施三郎／高橋直子　協力・赤坂憲雄／荒蝦夷

■歴史と科学からみた日本列島と地震
「三〇〇万年間に何千回も起きた超巨大地震」平朝彦／「歴史が語る日本の津波災害」伊藤和明／「賞味期限の切れた『東海地震』仮説」ロバート・ゲラー／「防災対策から『減災』政策へ」永松伸吾

■後藤新平の震災復興
「後藤新平の震災復興事業が残した遺産」陣内秀信／「九月三日の後藤新平」北原糸子／「政治の究極にあるもの」橋本五郎／「復興を機に日本は進化するか」青山佾

■いかなる復興をなすべきか
「失業という名の時限爆弾」高成田享／「余剰資金を国内に向け『大復興』をめざせ」田村秀男／「災害復興とサードセクター」藤岡喜美子／「生活様式のパラダイム転換を考える」早川和男／「子守唄で勇気を新たに」西舘好子／「そこに復興はあるか」山川徹

■福島原発事故と電気エネルギー政策の転換
「歴史的転回点としての福島原発事故」吉岡斉／「事態の進展」井野博満／「現場から乖離した『原発の安全神話』」菊地洋一／「福島原発事故を招いた独善的体制」相良邦夫／「東電賠償問題と電力政策の転換」環境エネルギー政策研究所

書物の時空

〈名著探訪〉　住谷一彦／辻井喬／村上陽一郎
〈書評〉　中村良夫 ／ 森千香子 ／ 申斌
〈連載〉明治メディア史散策9　勝海舟について　粕谷一希

連載

〈リレー連載〉歴史家チャールズ・ビーアドと日本 3
「日米関係の核心は中国問題である」【アメリカが日米戦争で得るものは何か】　開米潤
〈詩獣たち〉3　幼獣【中原中也】　河津聖恵
〈風のまにま　陽ざしのまにま——旅の空から〉3　東北・青森【諦念の静かなまなざし】朴才暎
〈孤独——作家　林芙美子〉2　芙美子、歩き始める　尾形明子
〈易とはなにか〉4　八卦を読む【象るということ】　黒岩重人
〈天に在り——小説・横井小楠〉6　転換の章　小島英記
〈竹山道雄と昭和の時代〉7　昭和十九年の一高　平川祐弘
〈近代日本のアジア外交の軌跡〉14　対華「二十一カ条」要求をめぐる対中交渉の態様　小倉和夫
〈伝承学素描〉22　大震災と集合記憶　能澤壽彦

あの時、後藤は、何を考えどう行動したのか？　その一二〇日間を追う！

震災復興――後藤新平の120日

後藤新平研究会

「復旧」ではなく「復興」を

二〇一一年三月一一日午後二時四六分、東日本大震災発生。今、この未曾有の惨禍が日本を揺るがしている。マグニチュード9の巨大地震と大津波は、岩手・宮城・福島各県を中心に南北六〇〇キロメートルにわたる地方市町村に甚大な被害をもたらした。さらに福島原発事故による広域の放射能汚染という、かつてない不気味な災厄が生命を脅かしており、未だに収束の目処が立っていない。

この東日本大震災の発生以後、幾度となく歴史から呼び戻されている人物がいる。八八年前に、関東大震災からの復興事業に果敢に挑んだ、後藤新平（一八五七―一九二九）である。一九二三年九月一日に発生した関東大震災は、国の中枢である首都東京と横浜を中心に南関東を襲った地震と大火が、一〇万人以上の膨大な人命を奪い、家屋・インフラを破壊した大災害である。それは、江戸の遺構の上に、ほとんど無秩序に積み上げられ膨張してきた中枢都市を一掃するものであった。

折しも八月二四日の加藤友三郎首相の死により前内閣が総辞職、政権空白期にあったなかで、大震災に遭遇した後藤は、九月二日、山本権兵衛内閣の内務大臣に就任、情報も混乱し体制も整わぬ状況下で、矢継ぎ早に緊急対策を打ち出す。未曾有の危機のなかで臨機応変に対策を実行していくさまは、まさに後藤の面目躍如たるものであった。

もちろん緊急対策のみに追われていたわけではない。早くも九月六日には「帝都復興の議」を閣議に提出し、「復旧」ではなく「復興」を、と訴えた。単に東京を元通りに修復（復旧）するのではなく、焦土の上に、近代日本にふさわしい世界に誇れる首都を新たに建設すること――それが、後藤の目指した「復興」であった。復興計画を策定するには、徒手空拳では立ちゆかない。復興にかかわるあらゆる問題点を洗い出すために、後藤は「臨時帝都復興調査会」という調査機関の必要性を指摘し、その調査のうえに復興計画を立案・推進する「復興省」の創設を主張した。残念ながら、本書で示すように、「臨時帝都復興調査会」は「帝都復興審議会」に、「復興省」は「復興院」に格下げされるが、ともあれ内相後藤は、自らの提唱から生まれた帝都復興院の総裁を兼任することとなる。震災発生から約四週間、九月二七日のことであった。

後藤が説いた「自治」の精神

▲後藤新平（1857–1929）

後藤新平の描いた復興計画は、さまざまな既得権益や政治的思惑との衝突を経て、予算規模としても大幅に縮小され、後藤の理想像には程遠いものとなっていった。あまつさえ後藤自身もその政争のなかに巻き込まれて、あらぬ批判を浴びせられることとなる。国家を担う政治家たちが、目前の政争に明け暮れる姿には、関東大震災と東日本大震災とが二重写しとなっている。

　実は後藤新平は、そのような不毛な政争を見越したかのように、自ら生み出した帝都復興院が動き出した日に、おのれの政治的スタンスを述べた「**大乗政治論**」という文章を記している。冒頭に「国家は一人のための国家ではなく政府は一人のための政府ではない。したがって、責任を国家に負うものは必ず無私の心で奉仕し、常に国民とともに、国民のために貢献しようと目指さなければならない……」とある。

　政党政治すなわち多数政党が、おのれの党だけの内閣を造る政治の在り方を批判し、多数党であれ、少数党であれ、あるいは党派に属さない者たちであれ、それぞれの代表者によって国民的内閣を作り、「大乗の精神」をもって政治を行うべきだとした。**大乗とは利他ということ**だが、後藤の言葉で言えば、それは政治家の「自治」のことであって、(一)他の恩義を蒙らず、(二)常に他に対して何ものかを寄与するように務め、(三)そうして何らの報酬を求めない、という、「自治三訣」（人のお世話にならぬよう／人のお世話をするよう／そしてむくいを求めぬよう）を眼目とすることだ。

　このような立場を貫いて、政争の渦中にありながらも、逆風をついて、後藤は復興の道筋をつけていった。組閣から四か月に満たない一二月二七日、天皇に代わって国務を総覧する摂政宮（後の昭和天皇）が狙撃された。この虎ノ門事件により山本内閣は総辞職、後藤もようやく端緒についたばかりの帝都復興事業の現場を去ることを余儀なくされる。以後、後藤は在野にあって復興を支援し続けた。

「平成の後藤新平」待望論

ところが今、東日本大震災という未曾有の災害を前にしても、国家を担うべき政治家たちの政争は激化している。罹災者の救援、復旧さえ目途が立っていない。ましてや「復興」への展望は見えていない。平成の「後藤新平」を求める声はますます高まっている。

関東大震災と東日本大震災とのあいだには、さまざまな違いがある。首都か地方か、火災か津波か、被災地域の広さ、そしてもちろん時代が異なることによる条件の違いは無視できない。加えて、何よりも大きな違いをもたらしているのは、原発事故とそれに伴う放射能汚染である。

放射性物質は、その半減期の長さによって、じわじわと時間をかけて人体や生態系を蝕む。のみならず、たとえ原子炉を廃炉にしたとしても、それを無害な状態にいたらせるまでに想像を絶する膨大なコストと長い時間を費やさねばならないことは、チェルノブイリの事例などが示している。そういう、ほとんど解決不能のエネルギー源を、人類は電力源としてかかえこんでしまった。

そもそも、明治から昭和にかけて近代化という課題を背負った日本において、産業を発展させるために、自然を利用した新たな電力源として、「水力」を普及させたのは、後藤新平であった。しかし戦後、新たな電力源として「原発」が導入された。それは高度経済成長と効率至上主義の社会を支えてゆく基盤となった。国をあげて、原発安全神話とクリーンエネルギー論が喧伝された。

好むと好まざるとにかかわらず、そうした社会を受け入れ、そのうえで生活を営んできた我々を直撃したのが、東日本大震災であった。

東日本大震災は、直接の死者・行方不明者のみならず、多くの避難民を生み出した。完全に生活の基盤を破壊された罹災者たちにとって、何よりもその生活の「復旧」が優先されなければならない。

それと同時に、東日本大震災を真に乗り越えていくために、既存の社会を問い直し、ひとりひとりの「自治」に基づくまちづくりこそが、現代において求めるべき「復興」の姿だろう。

「復興」に全身全霊を賭けた後藤

本書では、関東大震災発生から山本内閣総辞職にいたる四か月間の、帝都復興に邁進した後藤新平の姿を、多数の資料や証言に基づいて構成したドキュメントである。そこには、非常事態に直面して、限られた条件のなかで最善の策を最短で編み出していく、「政治」の原点のありようが現れているはずだ。

そして、表層的な政争に足を取られつつも、時代にふさわしい「復興」の実現に向けて全身全霊を賭けた後藤新平の姿は、未曾有の震災を経た現代の読者にとって、新しい時代を考えるための手がかりとなるものと確信している。

（構成・編集部）

震災復興　後藤新平の120日

都市は市民がつくるもの

後藤新平研究会編著

A5判　二五六頁　一九九五円

モノの交易を通して、七～十六世紀の東アジア史を描く初の単著！

外からみた日本と中・朝の交易史

鈴木靖民

モノが語る交流

本書の特色は多様である。まず一人の研究者が単独で叙述した日本の古代・中世対外関係の通史または概説であることが挙げられる。これまでにこの分野の似通った書物はあるが、共同執筆であったり、日本と中国の交流史であったりするもので、朝鮮を含む東アジア国際交易史、東アジア交流史としては初めてである。従来、日本と唐宋元明などとの関係を通観した論著も余りなく、あっても中世などのある時代に限られ、中国一辺倒の視点からの考察が普通であったが、本書は新羅、高麗、朝鮮王朝にも目配りがなされ、東アジアの視線から全体を俯瞰している。

その先行研究の摂取と史書、資料による裏づけの結果、著者は時代ごとの傾向を、①八世紀までの知識、技術の導入、②一二世紀までの唐物の輸入、③一二世紀以降の中国銭の輸入、④一四世紀以降の輸出の増大、と大きく時代区分を行い、それが章立てにも反映している。特に一二世紀後半に日本の権力構造の大変化があり、物々交換から貨幣経済システムへの進展を促した。さらに一四、一五世紀にも日本の地方権力が商業の発達を担う社会経済的構造の変化が起こり、国内経済と対外交易が連鎖する。このように全時代を通して、交易が続き増大し得たのは、中国や朝鮮の国家による中華イデオロギーと一体的な貿易システムと違い、日本が相手に合わせた実用主義の対応を上手く行ったせいであると捉える。

次に、本書はモノに即した交易史が主流となっている。交易において輸入品、輸出品ともモノが対象となり、ある段階までは物々交換が行われるのは当然であるが、著者はその双方のモノの形状、法量、特に原料から始まり製作技術に至るまで、事細かに究めようとしており、微に入り細をうがつ感さえある。口絵の高級工芸品の解説からして、実に正確な観察に基づくことを思わせる。

これは、ヴェアシュアが例えば常日

頃交易品に関連する目録、図録類に目を通し、毎年のように秋の奈良・正倉院展に出かけ実物を観察していることが想い合わせられ、納得がいくのである。交易の実態は史書のうわ面をなぞるのではなく、今日まで遺存する交易品つまりモノの熟覧、観察、計数的確認のうえに立って、その輸出、輸入元の国内の朝廷、幕府、大名、豪族の政治、政策、活動などの事情、ことにその歴史的特徴をいちいち的確に指摘する。

外からみた東アジア史

次に、古代・中世の日本の対外交流を中国、朝鮮半島との関係でみるだけでなく、相手国の対外関係や周辺国、地域の動向にも論及して、広い視野で日本の国際交易、交流の事実を説明していることとである。明の交易の相手はシャムなど東南アジアが先で約六〇カ国にも上るが、美術工芸品を大量輸出するのは日本だけであること、同じく明は日本、琉球、朝鮮との交易のほかに、北方の北元、女真、オイラートとの間の侵略と紙一重の辺境貿易にも腐心したことなどの記述は、あらためて中華世界、アジア世界のなかの日本の客観的なありようを思索させる著者の隠喩法のように思われる。

▲Ch. フォン・ヴェアシュア氏（1955- ）

　ヴェアシュアは日本など東アジアの歴史を専門としフィールドとするが、研究、教育の場は生まれ育ったドイツではなく、一九七〇年代後半以来、フランスにほかならず、そこを拠点に風靡したアナール派の強い影響を受けた。本書は、著者が外国人であること以上に、いわば外からみた日本と中国・朝鮮との交易史の積極的なアプローチである点が特筆に価する。日本古代・中世の交易史の成果を網羅的に摂取し、しかも論点が明晰に整理され、テンポ良く論が展開する。通史としても大著ではないが、ミクロな分析とグローバルな見通しが見事に調和した歴史書である。

（構成・編集部）

（すずき・やすたみ／國學院大學教授）

Charlotte Von Vershuer　ドイツ生まれ。フランス高等研究院歴史学部教授。専門は古代・中世日本の対外関係史および物質文化史。

モノが語る日本対外交易史——七―一六世紀
Ch・フォン・ヴェアシュア
河内春人訳　解説＝鈴木靖民
口絵カラー三二頁
四六上製　四〇八頁　五〇四〇円

リレー連載　今、なぜ後藤新平か　70

今なお色褪せない後藤新平の言葉

阿部直哉

天下有為の人材育成を実践

次代を担う若者たちへ後藤新平の遺した言葉（以下、太字の部分）がある。それは含蓄に富み、英知溢れるメッセージとして伝わってくる。

金を残して死ぬ者は下
仕事を残して死ぬ者は中
人を残して死ぬ者は上

後藤は天下有為の人材育成を説くだけでなく、それを実践したことでも知られる。一例を挙げると、台湾総督府時代、技師として新渡戸稲造、土木の長尾半《はん》平《ぺい》、鉄道で長谷川謹介《きんすけ》、医学で高木友《とも》枝《え》、調査で岡松参太郎《さんたろう》らを抜擢して人材を揃えた。力量ありと見込んだ人間にチャンスを与え、とりわけ若手に数多くの出番を提供している。その尺度は、あくまでも日本の将来を担える人材かどうかの一点に絞られた。人材登用で恩に着せるとか、自らの配下に置くという狭量さは微塵もなかった。

今さら列挙するまでもないが、後藤は台湾民政長官、初代満鉄総裁、鉄道院総裁、逓信大臣、内相、外相、東京市長を歴任。第二次山本権兵衛内閣で内相兼帝都復興院総裁として関東大震災後の東京復興に奔走した。晩年には少年団日本連盟総裁を引き受け、ボーイスカウト活動にも力を注いだ。

藩閥・学閥・閨閥が立身出世に有利、というより不可欠とも言える時代に、三閥に無縁どころか軍部にも政党にも依拠しなかった後藤が、強烈なリーダーシップを発揮できたことはもはや奇跡に近い。とてつもない磁力を発散させた男だったのだ。終生、「**下駄はちんばでも歩くは正道《せいど》　襤褸《ぼろ》はさげよが首さげぬ**」の心意気を貫いた。偉業を成し遂げた理由を「天賦の才」と決めつけるのは簡単である。藩閥・学閥・閨閥の呪縛がなく、首相の座を射止めるという野心だけで政治に与しなかったからこそ、大仕事につながり、歴史に名を刻んだことを忘れてはならない。徒党を組まず、組織に埋没せず、私利私欲を捨てて、自由な発想で、国家のグランド・デザインを描いた後藤新平の

▶山本内閣親任式の図（和田英作筆、宮内庁所蔵）右から井上準之助（蔵相）、**後藤新平（内相）**、財部彪（海相）、田中義一（陸相）、牧野伸顕（宮内）、犬養毅（逓信・文相兼任）、田健治郎（農商務・司法相兼任）、一人おいて山ノ内一次（鉄相）

真骨頂である。

一方で後藤の抱くプランが気宇壮大だったため、ときに「大風呂敷」と揶揄されたこともあった。台湾、満州、東京——どこにいても緻密な調査・分析に基づいて数字を弾き出した。それを根拠に計画立案がなされた。が、これを理解できた当時の人たちはむしろ少数派だったのだろう。それゆえ誤解を生んだのも事実だった。周囲の雑音など全く気に掛けず、ただただ「**沈香《じんこう》も焚《た》け、屁《へ》も放《ひ》れ、自ら信ずる事は大胆にこれを為せ**」をモットーに勇往邁進したのだ。後藤のアイデアがいかに先見性に富んでいたか——今日になって我々は再認識させられることになる。

今こそ後藤のビジョンを

後藤新平は、当時の教育事情について「**昔時《せきじ》の教育は手彫《てぼり》細工、今の教育は機《き》械《かい》細工**」と表現した。言い得て妙であるが、この言葉は現在もそのまま当て嵌まるのではないだろうか。後藤の足跡が今の教育現場でどのように伝承されているかと、高校で使用する日本史教科書を開いてみた。俄かに信じ難いことだが、業績どころか「後藤新平」という名前すら載っていなかった。東日本大震災後、その復興計画に関連して関東大震災時の後藤ビジョンが、メディアでクローズ・アップされる昨今だけに残念至極と言わざるを得ない。

東日本大震災に直面し、政治指導者の不在、危機管理能力の欠如が改めて浮き彫りになった日本にあって、社会全体に漂う閉塞感は広がるばかりだ。国難のときだからこそ、後藤の軌跡を辿り、それを検証する絶好の機会でもある。

「**真の日本の建設者は無名の青年たちである**」、「**古き三角塔上の冠石《かんせき》たらんよりは、新しき三角塔下の礎石《そせき》たれ**」、「**永久の児童たれ**」、「**学校を出《い》づる時は教科書と筆記録を焼却し、改めて社会的新学生となる覚悟あれ**」——これらは、若者たちの士気を鼓舞し続けた後藤新平の処世訓であり、今なお色褪せることはない。

（あべ・なおや／明治大学大学院・都市ガバナンス研究所研究員）

Le Monde

■連載・『ル・モンド』紙から世界を読む　100

イスラエルの「義人」

加藤晴久

五月一九日、オバマ大統領は、国連の諸決議を遵守しパレスチナ国家設立を推進するようイスラエル政府にうながした(『ル・モンド』五・二一付)。五日後の二四日、イスラエルのネタニアフ首相はアメリカ上下両院総会で、この提案を拒否し、パレスチナ側が受け入れるはずのない条件を並べ立て、二六回のスタンディング・オヴェーションを浴びた(五・二六付)。中東和平実現は近くない。

黒いひげを生やし、キッパ帽を被った二八歳のイェフーダ・ショールは熱心なユダヤ教徒。二〇〇〇年九月に始まった第二次インティファーダ初期に兵役をともに経験した少数の仲間とともに、二〇〇四年三月、Breaking the Silence「沈黙を破る」というNGOを立ち上げた。イスラエル軍がヨルダン川西岸地区、ガザ、東エルサレムで展開している軍事行動の実態を一般のイスラエル国民に広く認識させることを目的としている。インターネットを活用するかたわら、今年になって *Occupation des territoires. Témoignages de soldats israéliens 2000-2010*『パレスチナ領土占領　イスラエル兵士の証言　二〇〇〇年～二〇一〇年』という本を出版した。一八〇〇人の兵士が、イスラエルの安全確保を口実に、パレスチナ人にたいして加えられる日常的な抑圧、侮辱、暴力をこもごも証言している。イスラエル軍の行動の根底には「男も女も、すべてのパレスチナ人は疑わしい。イスラエル軍とイスラエル市民に対する脅威だ」という考えがひそんでいる、と言う(四・一〇/一一付)。

Boycott-Désinvestissement-Sanctions「ボイコット - 投資引き揚げ - 制裁」という運動もある。世界各国の一七二団体が参加している。パレスチナ国家設立を支援するため、イスラエル政府に政治的・経済的・学術的・文化的圧力をかけることを目的としている。これに参加しているイスラエルの民間人もいる(一〇・一一・一八付)。

ナチスによるホロコーストのなか、危険を顧みずユダヤ人を救った人々(たとえば杉原千畝)をイスラエル政府は「義人」として顕彰している。イスラエルの「義人」たちの和平への努力が実ることを切に祈る。

(かとう・はるひさ/東京大学名誉教授)

リレー連載　いま「アジア」を観る　102

「死」に臨んで「未来」を描く日本

スニトコ・タチヤーナ

人は「死」に臨み初めて〝人生とは?〟と考え始める。マルティン・ハイデガーはこれを「死に臨む存在」(Sein-zum-Tode)と称した。

東日本大震災は人に命のはかなさを思わせ、人生の真の価値についての哲学的な問いを突きつけた。

三月一一日から日本は変わった。日本人の沈着冷静さは世界の人々に尊敬の念を起こさせた。「道《どう》」に由来する〝落ち着き〟は社会的な振る舞いとしては日本にしかない。

今よく使われている言葉は「絆」「思い遣り」「恩返し」である。戦後、アメリカから強い影響を受けた日本は、改めて先祖伝来の価値を見直している。「死」に臨んで日本には生気が蘇ってきている。

東北地方の復興を和太鼓の音が告げた。

私は和太鼓の雷鳴、川のせせらぎ、心臓の鼓動の音が大好きだ。東北地方の祭りのことを聞き、これは復興の始まりと理解した。神々のおわします日本では、和太鼓の音は昔から日本の文化そのものである。

文明と文化は西洋の概念である。文明(科学・技術・資本の発展による金や権力の社会)は古代ギリシャに由来する――ギリシャ人は人が世界を認識し、己の一存で変えることができると信じた。

文明は「陽」、文化は「陰」である。現代世界は、文明が発展した電子・宇宙の征服という非人道的なコントロールを望んだ「陽」の時代から、文化が中心の「陰」の時代に進行すると考えられる。将来、豊かな文化・伝統の国が世界で重要な役割を果たすようになると思う。

日本文化の基は「和」である。「和」は陰と陽の活発な均衡の法則に基づいており、自然の律動に従う原理である。それ故、日本文化の特徴である直感性・美・和などが世界の中で魅力を放つのである。

日本文化での「時」は〝過去・現在・未来〟の一連の流れである。日本は未来の方を向きつつ過去(先祖伝来の伝統)を眺めている。

新しいグローバルな思想が今生まれつつあるのが日本なのである。

(Tatiana Snitko／理論言語学・比較文化学博士)

連載　女性雑誌を読む　39

『ビアトリス』（九）

尾形明子

山田たづ

『ビアトリス』とあわせて、しばしばこの欄に登場する同時代の雑誌『女の世界』。まさにゴシップ満載で、真正面から文学と取り組む作家の卵や世間を、斜に構えて揶揄する。享楽と頽廃に満ちた大正の都会の様相が浮かび上がってくるが、時に思いがけない資料を残してくれる。

一九一六年八月号に特集された「大正婦人録」は、当時活躍した女性を調べるための宝箱だが、〈山田たづ〉についても「明治二四年八月八日、滋賀県大津市に生る。滋賀県大津高等女学校卒業。（略）」と記している。さらに同じ号の「第二期の新らしい女」にも「三四年前に土地の女学校を卒業すると、直ぐ様上京して森田草平氏の門下となり」「今度のビアトリスの抑々《そもそも》の発案者で、それ故ビアトリス事務所と云ふのも、その寓居であるところの、牛込築地町の勝川と云ふ酒屋の二階におかれた」とある。

山田たづは生田花世に誘われて『ビアトリス』創刊に加わるが、二巻四号の最終号まで編集兼発行人として築地の住所と名前が奥付に記されているから、実質的には中心になっていたようだ。一九一五年六月号『新公論』に載った「京の鬘師《かつらし》の家」はたづの代表作であり、森田草平の「薄暗いやうな京都の家庭と和らかな京言葉に伴ふ気分」がよく出ているという紹介文が添えられている。

平塚らいてうとの心中未遂事件で、いちやく有名となった森田草平だったが、そのいきさつを「煤煙」に書いた後は、ドストエフスキー「カラマゾフの兄弟」やゴーゴリーの翻訳者として知られていた。素木しづ、村岡（森田）たま、山田たづと女弟子が多く、彼女たちを支援して『ビアトリス』に積極的にかかわっている。平塚らいてうへの拘泥があったのか、女弟子を誰も『青鞜』には参加させていない。

山田たづは『ビアトリス』に、編集後記やエッセイの他に、四本の短篇小説を発表している。器用な作品だが心に沁みるものが少ない。没年も含めてその後の消息は不明だが、蠱惑《こわく》的な美女だったようで、生田花世の夫・春月との関係も取沙汰された。

（おがた・あきこ／近代日本文学研究家）

■連載・生きる言葉 51
H・ヘラー『国家学』
粕谷一希

もとより、国家権力の存在は権力核の政治的連帯性なしには考えられないのである。しかし、権力核がそれ自身の価値および意志の共同性を支持者および反対者に対して、説得または強制によって実現することによって、はじめて、国家権力は成立するのである。（後略）
（ヘルマン・ヘラー『国家学』一九七三年、未來社、三四八頁、原著一九三四年）

ヒトラーより二歳下に生れたヘラーは、四十二歳で死んでいる。ながくさまざまな大学をさまよった彼は理論と現実を一致させ、生き抜いた思想家であった。社会民主党（SPD）に入党した彼は、ユンカー（保守的土地所有者）と社会主義的労働者組合の共同体を志向した。しかしまた、ナチスや国粋党に断乎反対した彼はナチスが政権を取ったとき、英国のオックスフォード大学におり、心臓発作を繰り返し、そこで死んだ。

ヘルマン・ヘラーの生涯は、独裁に反対する立場から同時代に常に語りかけ、対話しつつ自らの思想と体系を形成していった少数派の良心的な存在だったといえるだろう。思考と行動がつねに乖離せず悪戦苦闘に耐えることで、自らの思想体系を構築していった。ナチスという大浪は全体を呑みこんでしまったが、ドイツの名誉のためにも、ヘルマン・ヘラーのような存在は記憶されねばならない。

彼の国家学も、いまの観点から再考してみる必要がある。日本人の場合、占領と新憲法が一緒になり、さらに日米同盟と自衛隊が一緒になったため、国家そのものが抹殺されてしまった感がある。その点は憲法を棚上げして基本法をつくった西独の方が賢明であった。日本は、国家という存在、統治という行為までがかすんで見えなくなり、政治指導者を見る眼がなくなってしまった。

政治が国家学から自立する（丸山眞男）という命題は多くの誤解を生んだ。戦争に負けた日本を卑下することで、国家を考えることを忘れてしまった日本人の発想は直さねばなるまい。海外派兵や海賊排除も辛うじて日本の特殊性を守ってくぐりぬけてきたが、国家や法の存在を正面から見据えなければ、日本の今後の在り方も議論できない。

（かすや・かずき／評論家）

連載　風が吹く　41

長過ぎるイントロ

高 英男氏 1

山崎陽子

何の集まりだったか覚えがないのだが、遠藤周作さんが、例の好奇心に満ち満ちた悪戯っぽい表情で「年老いて死ぬとき、どんな風に最期を迎えたいか」と、一人一人に問いかけたことがあった。

私は「夕映えのベランダで、揺り椅子に揺られながら過去につきあった男たちとの思い出にひたりつつ、静かに息をひきとる」と言った。老女、夕映え、揺り椅子、なかなかいい設定だと思ったのに、遠藤さんは弾かれたように笑い、だみ声で叫んだ。「キミの場合、揺り椅子が一回揺れたら終わりじゃないですか」

悔しいけれど、女ばかりのミッションスクールで十二年、女の園で五年、初めての見合いで結婚した私である。あまつさえ父は、たいした取り柄もない娘を溺愛し、純粋培養したかったのか、男は兄の友人さえ接近することを厳禁、手紙などくれようものならお出入り禁止という始末だったから、哀れ娘は、一人のボーイフレンドも持たぬ青春を過ごしたのである。男性と話せるようになったのは、結婚して十年たったころ童話を書きはじめ、否応なく男性編集者と顔を合わせることになってからのことである。

この連載「風が吹く」は、交遊抄をとの約束であったが、何しろ〝揺り椅子ひとゆれ〟の私である。華やかな男性遍歴？などあろうはずもなく、遠藤周作さんから始まり山本夏彦さんと続けたら、たちまち後が続かなくなった。終了しようと思っていた矢先、作家に限ることはないのではと、藤原社長が背中を押して下さった。そんなわけで長すぎるイントロになったが、今度はガラリと趣を変えて、シャンソン歌手・高英男さんについて語らせていただくことにした。

高英男さん（一九一八～二〇〇九）は、日本初のシャンソン歌手で、日本におけるシャンソン音楽普及の第一人者。フランスでも活躍し、一九九二年には、フランス文化勲章シュバリエ章を受章している。

高英男を知らない若い世代でも『雪の降る街を』は知っている。ＮＨＫラジオドラマで高さんが歌った挿入歌である。

（やまざき・ようこ／童話作家）

連載

帰林閑話　199

半解先生問答抄（三）

一海知義

十

Q　富士正晴さんと初めて会われたのは、いつごろですか。

半　最初はハガキやったな。

Q　何年ほど前でした。

半　そやなあ。大学で一般教養（中国文学史）の講義をしてた頃やから、四十年以上も前になるかな。

Q　どんなハガキでした。

半　富士さんの娘さんがぼくの講義を受けてたらしく、こう書いてあった。

「VIKINGの連中から、あんたのことはよく聞いとったので、娘にどんなオッサンやとたずねたら、中国の大人《たいじん》みたいなお人や、言うてました。いつか飲みたいな」。

大きな肉太の、ハガキからはみ出しそうな字やった。

Q　それで、会われたのは？

半　ハガキをもらってから十年以上経ってたな。それも「吉川幸次郎先生を偲ぶ会」や。富士さんは吉川先生と旧制三高時代からの友人やった。「偲ぶ会」の席で初対面の乾杯やるわけにもいかん。

Q　それで再会は？

半　なし。会うたのは一回きりや。でも著書の交換や、手紙・ハガキのやりとりはようやった。電話もようかかって来てな。あの人はいわゆる電話魔や。

Q　どんな電話でした？

半　彼は陶淵明のファンでな。訳詩集を書き始めてた。その頃のことや。夜中に電話がかかって来る。

Q　真夜中に？

半　そうや。「淵明の曽祖父《ひいじい》さんの名前、何ちゅうた？」「陶侃《とうかん》。ニンベンにカンカンガクガクの右側」「そうそう。これで安心して寝られる」。当方目が冴えて眠れぬ。

Q　訳詩集出ましたか。

半　富士さんらしい装丁のいい本になって、送って来た。献辞にいわく、

「はなはだ多くのことを一海さんの本で学んだる　富士正晴」

空中浮遊の風格をそなえていながら、生真面目な人やった。

（いっかい・ともよし／神戸大学名誉教授）

六月新刊

人文諸科学の発展に最も寄与した最高の雑誌

叢書『アナール 1929-2010』
——歴史の対象と方法（全5巻）

E・ル＝ロワ＝ラデュリほか監修
浜名優美監訳

II 1946-1957 ヴァランシ編

ブロック「古代奴隷制の終焉」ロンバール「七―十一世紀のイスラームの金」ショーニュ「イエズス会の日本での活動開始」ヴェルナン「神話から理性へ」フランカステル「バロックと古典主義」……錚々たる書き手による名論文を収録。

A5上製　四六四頁　**七一四〇円**

（既刊）I 1929-1945　**七一四〇円**

事故は果して収束するか!?

福島原発事故はなぜ起きたか

井野博満編
井野博満・後藤政志・瀬川嘉之

「福島原発事故の本質は何か。制御困難な核エネルギーを使いこなせるという過信に加え、利権にむらがった人たちが安全性を軽視し、とられるべき対策を放置してきたこと。想定外でもなんでもない」（井野博満）。科学者・技術者らが大激論!!

A5判　二二四頁　**一八九〇円**

誰も書かなかったロシアのジャポニズム

ジャポニズムのロシア

知られざる日露文化関係史

V・モロジャコフ 村野克明訳

なぜ十九世紀ロシア文学は、日本人に好まれるのか？　ロシアで脈々と生きる仏教や、浮世絵、俳句・短歌など、文化と精神性におけるロシアと日本の知られざる「近さ」に、気鋭のロシア人日本学者が初めて光を当てる。

四六上製　二五六頁　**二九四〇円**

カラー口絵八頁

書物と歴史に学ぶ「政治」と「人間」

「二回半」読む

書評の仕事 1995-2011

橋本五郎

約十五年にわたり書き継いできた書評全一七〇余本。政治記者として、激動する政治の現場に生身をさらしてきた著者が、書物をひもとき歴史に沈潜しながら、「政治とは何か」「生きるとは何か」といった根源的な問いに向き合う、清新な書評集。

四六上製　三二八頁　**二九四〇円**

世代を超えた魂の交歓

母

米良美一・石牟礼道子

不知火海が生み育てた日本を代表する詩人・作家と、障害をのり越え世界で活躍するカウンターテナー。稀有な二つの才能が出会い、世代を超え土地言葉で響き合う、魂の交歓！

B5変上製　二二四頁　**一五七五円**

第19回「野間宏の会」開催

震災・原発と野間宏

富岡幸一郎

　第十九回「野間宏の会」が六月四日（土）に日本出版クラブ会館にて行なわれた。本年は野間宏没後二十周年という区切りの年であったが、三月一一日に東日本大震災と福島第一原発の事故という未曾有の災厄が発生し、テーマも急きょこの事態に関わることとなった。

　環境問題にいち早く注目し、全体小説の作家として作品化してきた野間宏は、資源エネルギー問題、とりわけ原発の本質的危機を以前より指摘してきた。文学者としてのその発言・活動は、近代文明そのものの孕む危機を予言してきたが、今日それはこの国において顕在化している。

　作家の浅尾大輔氏は『暗い絵』『真空地帯』から、野間文学の物語と言葉の「断片、切れはし」の力を再発見し、そのアクチュアリティ（今日性）を鮮烈に指摘してみせた。

浅尾大輔氏

　髙村薫氏も野間の身体と生理と言葉の重層的な関係を、具体的な作品・表現から分析し、その文学の秘密を改めて呈示した。きわめて密度の高い作家・作品論であり、満員の会場は髙村氏の言葉の磁場に包まれた。

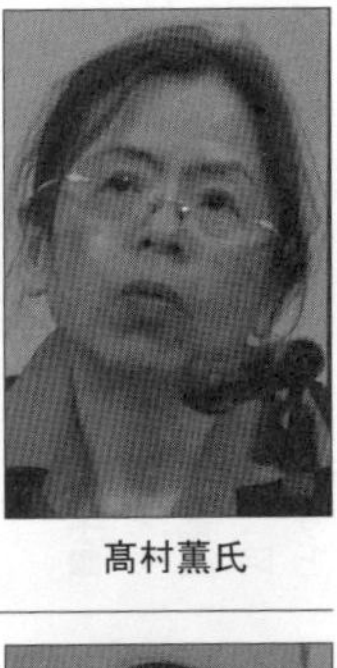
髙村薫氏

　直木賞作家の熊谷達也氏は仙台在住。震災の実体験を作家の言葉で生々しく再現するとともに、マスコミ報道の隠蔽したもののなかにこそ、今回の災厄の本質があると鋭く指摘した。

熊谷達也氏

井野博満氏

　そして井野博満氏は、「柏崎刈羽原発の閉鎖を訴える科学者・技術者の会」の代表として、現在進行中の原発事故の実態と放射能汚染の現状をあきらかにした。

　原子力の「平和利用」という名のもとに、また科学の専門分化のなかで、我々は何を忘却し、忘却させられてきたのか。それは野間宏が生涯を賭して問うた課題に重なる。野間文学の再評価などではない。野間宏の遺した言葉と行動は、今まさに喫緊の現実に向き合う、現在そのものに他ならない。

（文芸評論家）

読者の声

広報外交の先駆者・鶴見祐輔■

▼ぼくは十五歳のときから鶴見著のファンで、古本屋さんにばかり足を運んでいました。彼の著書は二〇冊ばかり読みました。現在では、古本五冊と、新刊書六冊位存在します。

これ以上買うと、分以上の気持ちになりますから、ブレーキをかけています。「ウィンストン・チャーチル」を、読みたいですが、「ナポレオン」「ビスマルク」が存在するため、沈黙しています。

（熊本　**永村幸義**　64歳）

鈴木茂三郎 1893-1970■

▼私は、以前から、鈴木茂三郎という政治家に興味を持ってきた。筆者が述べているように日本社会党の政治家としてなぜ今まで鈴木茂三郎が取り上げられてこなかったのか、不思議に思ってきた。今回、鈴木氏についての評伝が出版されると知り、すぐに購入した。

一読してみて、鈴木茂三郎が生きていた時代は、「革新―社会主義」というものが希望に満ちたもので、それへの実現に向かって献身的に活動することが一つの生き方だったことがうかがえる。

今回を契機に鈴木氏についての研究が深まり、社会党左派のリーダーの面だけでなく、現実政治家としての面も評価されて良いと思う。

二十二歳の青年が筆者だったことにはおどろいた。若い世代を中心に日本の土壌に適した革新（社民主義）政治文化を創造する必要があると思う。

（鹿児島　公務員　**迫田卓也**　37歳）

パナマ運河　百年の攻防■

▼おかげで新しい知識をえました。ありがとうございます。

（福岡　**井上保孝**　70歳）

環42号〈特集・多田富雄の世界〉■

▼たまたま書店で見て偶然特集「多田富雄の世界」を思わず立読みしてしまいついに買ったというわけです。

多田君は大学の二年後輩ですが、すでに少壮学者としてすぐれた人でした。大学紛争が吹き荒れたキャンパスの中で、寡黙に研究に打ち込んでいました。

専門分野についてはわかりませんが、『免疫の意味論』以来、彼の著書はよく読んでいます。

（千葉県　医師　**三枝一雄**　78歳）

蘆花の妻、愛子■

▼読了後、古い読書ノートを繰ってみたら、私が十八歳の夏に、徳冨蘆花の『不如帰』を読んでいた。「阿修羅のごとき夫なれど」というとおり、実に紆余曲折の結婚生活の中で多くの名作を世に送り出した二人。常に、野人蘆花に必死に添い、共に育んだ作品に改めて大きな興味をもつ。

トルストイとの交流など、文学歴史を知り得て、とても興味深い著書である。著者の力量に感動大である。

（千葉　歌人・主婦　**土岐恭子**　76歳）

『機』二〇一一年六月号

前略　『機』六月号を拝見しました。加藤晴久氏の「連載『ル・モンド』紙から世界を読む」には、いつも、文明と歴史を考える視点を忘れない様にしようとのメッセージをいただき、感服しています。

六月号の「ならば水力か？」も、知的視座を体感。日本のエネルギー論議も、かかる視座が必須と確信。フクシマの深刻な事態の「事実の報道」にも注力してほしいですが、女川、福島第二そして火力・水力も語る日本でもありたいですね。　草々

（兵庫　**木下彰**）

※みなさまのご感想・お便りをお待ちしています。お気軽に小社「読者の声」係まで、お送り下さい。掲載の方には粗品を進呈いたします。

書評日誌（五・二五〜六・二三）

（書）書評　（紹）紹介　（記）関連記事
（TV）紹介、インタビュー

五・二五　（記）毎日新聞（後藤新平）（「引用句辞典　不朽版」／「震災復興」／「後藤新平と伊藤巳代治は必ずセットで現れる」／鹿島茂）

五・二七　（紹）日本経済新聞（夕刊）「国際／日本美術市場総観」（「追想録」／「社会との関係探り続ける」）

五・二九　（書）共同配信「多田富雄詩集　寛容」（「新刊」）

六月号　（紹）HIGH SOCIETY CLUB「ケースブック　日本の居住貧困」（「大震災に思う」／「防災のまちづくりとは」／早川和男）

五月中下旬号　（書）出版ニュース「鈴木茂三郎 1893-1970」（「ブックガイド」）

六・三　（書）週刊読書人「資本主義の起源と『西洋の勃興』」（「学術思想」／「『世界システム』論を凌ぐ」／「時間的空間的視野で論ずる」／山田鋭夫）
（紹）週刊金曜日八四九号「高畠学」（「本箱」／野中大樹（編集部）選）

六・四　（書）週刊ダイヤモンド「サードセクター」（「書林探索」／「社会的企業が備えるべき本質」／「『新しい公共』のあり方を問う」／井上義朗）
（書）週刊ダイヤモンド「自由貿易は、民主主義を滅ぼす」（「目利きのお気に入り」／「ＴＰＰ議論中断でも新刊続々」／「自由貿易をめぐる議論を一望」／ブックファースト仕入企画担当平井直子）

六・七　（紹）読売新聞「死体について」（「作家の戦中日記」（「野間宏没後二〇年の再評価」／「震災後の『言葉』信じる礎」／待田晋哉）
（記）日本経済新聞（後藤新平）（「後藤新平が描いた復興㊤」／「車社会予見し環状道路」／「全通は半分、渋滞解消せず」）

六・八　（記）日本経済新聞（後藤新平）（「後藤新平が描いた復興㊥」／「山下公園、がれき使い整備」／「都内は学校隣接、大半姿消す」）

六・九　（記）日本経済新聞（後藤新平）（「後藤新平が描いた復興㊦」／「鉄筋住宅　強さ・先進性追求」／「消え行く『同潤会』気風今も」）

六・一七　（紹）共同配信「ジャポニズムのロシア」（「ニッポン観の現在」／「日ロ、共通点軸に協力を」／会田弘継）

六・一九　（書）東京新聞「生きる意味」（「三・一一後を考えるために」／三砂ちづる）
（書）西日本新聞「鈴木茂三郎 1893-1970」（「人格思想の根っこには」／保阪正康）

六・二〇　（記）読売新聞（後藤新平）（「関東大震災と後藤新平」／「東京復興　構想力に覇気」／青山佾）

六・二三　（紹）毎日新聞（夕刊）「多田富雄詩集　寛容」（「詩の遠近景」／「過酷な現実に言葉で抗う」／城戸朱理）

六月号　（紹）広告「生きる思想〈新版〉」（「シェアをもっとよく知るための特別授業」／「美術館学研究者岩渕潤子さんに聞く」／「イバン・イリイチから考えるこれからの文化をシェアする形」／岩渕潤子）

八月新刊・重版情報

＊タイトルは仮題

類稀な日本文学研究者が語る日米戦

記憶のなかの戦争

ドナルド・キーン
聞き手＝小池政行

　類稀な日本文学の研究者として知られるキーン氏は、日本語を勉強しようと米海軍学校に入学、語学将校としてアッツ島や沖縄で日本語通訳を務めた経験をもつ。戦時中から一貫して平和主義を自覚してきたキーン氏と、自身の外交官時代から親しく交わってきた日本赤十字の小池氏の徹底対談。自身の中の記憶の戦争体験を、今語り尽くす。

文学の王道を行く現代韓国文学の傑作。

生の裏面

李承雨《イスンウ》
金順姫《キムスニ》＝訳

　幼年期から理不尽な現実に直面していたパク・ブギル。父の発狂、母の失踪と再婚、叔父の独裁、周囲の虚偽が、彼を歪め、傷つける……「小説を書く」とは何を意味するのか？　極めて私的な小説でありながら、修飾を排した簡潔な文体と入れ子構造を駆使した構成で、形而上学的探求と小説を書く行為を作品自体において見事に一体化させる。ノーベル賞作家ル・クレジオ氏が大絶賛！

ポーランド・ロマン主義の核心

ウクライナの魅力

十九世紀ポーランドの文学と美術に見る

小川万海子

　列強により三分割され、「国家」を喪失していた十九世紀ポーランドにおいて、詩人・画家たちを魅了してやまなかった、かつての領土「ウクライナ」。「ウクライナ」という空間を創造の源泉として生み出された文学作品及び貴重な美術作品を多数掲載し、ポーランド芸術の核心を初紹介する意欲作。

重版情報

社会学者のメチエ　（四刷）
〔認識論上の前提条件〕
P・ブルデュー他／田原音和・水島和則訳
Ａ５上製　五二八頁　五九八五円

芸術の規則II　（三刷）
P・ブルデュー／石井洋二郎訳
Ａ５上製　三三〇頁　四三〇五円

移民の運命　（四刷）
〔同化か隔離か〕
E・トッド／石崎晴己・東松秀雄訳
Ａ５上製　六一六頁　六〇九〇円

ハンナ・アーレント入門　（四刷）
杉浦敏子
四六上製　二二四頁　二五二〇円

話すということ　（四刷）
〔言語的交換のエコノミー〕
P・ブルデュー／稲賀繁美訳
Ａ５上製　三五二頁　四五一五円

世界経済史の方法と展開　（八刷）
〔経済史の新しいパラダイム（一八二〇―一九一四年）〕
入江節次郎
Ａ５上製　二八〇頁　四四一〇円

7月の新刊
タイトルは仮題、定価は予価。

『環 歴史・環境・文明』㊻ 11・夏号 ＊
〈特集・東日本大震災〉
川勝平太＋東郷和彦＋増田寛也／石牟礼道子／青山佾／北原糸子／陣内秀信／橋本五郎／平朝彦／渡辺京二＋新保祐司 ほか
菊大判 四二四頁 三七八〇円

震災復興 後藤新平の120日 ＊
都市は市民がつくるもの
後藤新平研究会編著
A5判 二五六頁 一九九五円

「東北」共同体からの再生 ＊
東日本大震災と日本の未来
川勝平太＋東郷和彦＋増田寛也
四六上製 一九二頁 一八九〇円

モノが語る 日本対外交易史 ＊
七―一六世紀
Ch・フォン・ヴェアシュア カラー口絵三二頁
河内春人＝訳 鈴木靖民＝解説
四六上製 四〇八頁 五〇四〇円

8月刊

ウクライナの魅力 ＊
十九世紀ポーランドの文学と美術に見る
小川万海子

生の裏面 ＊
李承雨（イ・スンウ）
金順姫（キム・スニ）訳

記憶のなかの戦争 ＊
ドナルド・キーン（聞き手）小池政行

好評既刊書

福島原発事故はなぜ起きたか ＊
井野博満編 井野博満／後藤政志／瀬川嘉之
A5判 二二四頁 一八九〇円

ジャポニズムのロシア ＊ カラー口絵八頁
知られざる日露文化関係史
V・モロジャコフ 村野克明＝訳
四六上製 二五六頁 二九四〇円

「二回半」読む ＊
書評の仕事 1995–2011
橋本五郎
四六上製 三二八頁 二九四〇円

叢書**「アナール 1929–2010」**
――歴史の対象と方法（全5巻）
ラデュリほか監修 浜名優美＝監訳
II 1946–1957 ＊ L・ヴァランシ編
A5上製 四六四頁 七一四〇円

母 ＊
米良美一・石牟礼道子
B6変上製 二二四頁 一五七五円

歴史の不寝番（ねずのばん） 口絵一六頁
「亡命」韓国人の回想録
鄭敬謨 鄭剛憲＝訳
四六上製 四八八頁 四八三〇円

発刊 叢書〈文化としての「環境日本学」〉
高畠学 カラー口絵八頁
早稲田環境塾編（代表・原剛）
A5判 二八八頁 二六二五円

金融資本主義の崩壊
市場絶対主義を超えて
R・ボワイエ
山田鋭夫・坂口明義・原田裕治＝監訳
A5上製 四四八頁 五七七五円

「私には敵はいない」の思想
中国民主化闘争二十余年
劉暁波／劉燕子／及川淳子／麻生晴一郎／藤井省三／横澤泰夫／矢吹晋／子安宣邦 ほか
四六上製 四〇〇頁 三七八〇円

広報外交の先駆者・鶴見祐輔 1885–1973
上品和馬 序＝鶴見俊輔
四六上製 四一六頁 四八三〇円

『環 歴史・環境・文明』㊺ 11・春号
〈特集・自由貿易の神話〉
佐藤優／王柯／榊原英資／小倉和夫／E・トッド／太田昌国／中野剛志／西部邁ほか
菊大判 三七六頁 三七八〇円

詩集 **寛容** 口絵二頁
多田富雄 特別寄稿＝石牟礼道子
四六変上製 二八八頁 二九四〇円

多田富雄の世界 口絵八頁
多田富雄ほか
四六上製 三八四頁 三九九〇円

＊の商品は今号に紹介記事を掲載しております。併せてご覧戴ければ幸いです。

書店様へ

▼6／22（水）『毎日』「詩の遠近景」欄で、**『多田富雄詩集 寛容』**を城戸朱理さんが絶賛！「今こそ読まれるべき一冊……日常のなかに口を開ける非日常。それは、何も奪われることなく、日々が続いていくと思い込んでいた現代人への警鐘だろうか。」自然科学・人文学の統合を体現した「万能人」多田富雄を偲び、総勢95名がその全体像を描いた**『多田富雄の世界』**ご併売もお忘れなく。
▼先月刊**『ジャポニズムのロシア』**の著者**V・モロジャコフ氏**のインタヴュー記事が配本直前の6／15から共同通信**より全国配信中！** 歴史棚はもちろん、文芸や芸術棚でもそれぞれ大きくご展開を。
▼いまだ「収束」の様子さえ見えない福島原発や延々と進まない復興の現状を前に、今一度わたしたちは**I・イリイチ**を手にする機なのかもしれません。**『生きる思想――反＝教育／技術／生命〈新版〉』**や**『生きる意味――「システム」「責任」「生命」への批判』**、**『生きる希望――イバン・イリイチの遺言』**を軸にフェア展開いかがでしょうか？ （営業部）

鶴見和子さん没五年
山百合忌

鶴見和子さん命日の集い。父・祐輔氏の初の評伝をめぐって、またこの未曾有の大震災をめぐって語りあう。

（講演者）
上品和馬『広報外交の先駆者・鶴見祐輔』を出版して」
大石芳野「土に生きる――東電フクシマの被害」

【日時】七月三十一日(日)十二時開会
【場所】山の上ホテル　別館2階「海」
【会費】八〇〇〇円
＊お申し込み・お問い合せは、小社「山百合忌」係までご連絡ください。

出版随想

▼三・一一の大震災後、早や四カ月が経った。まだ十万人に及ぶ避難民の方々が、体育館や公共施設等に身を寄せておられることを想像するだけで、何とかならんものかと忸怩たる思いに駆られるのは、一人わたしだけではあるまい。われわれが日々生きるということは、衣食住が保障されていることだ。その住が突如奪われ、人間としての尊厳を奪われた人々は、本当の意味で生きることが出きるのか。大震災が発生した時は、ストーブ……等寒さ対策が大変だったろうが、この異常な暑さの中で、人間の精神状態がいつまでもつのか、感染症などの病気対策は大丈夫か？　等々さまざまな不安が脳裏をよぎる。

▼国の早期の復旧・復興プランが待たれる。大切なのは、被災地や被災民の方々による〝自治〟だ。彼らの自治的自覚なくして、復興はありえない。被災地のリーダーが、「東北復興院」を拠点に、各々被災地の要望を取り入れて、復興計画を一日も早く推進してゆくことだ。時間との闘いだ。とにかく多くの人々の「いのち」にかかわること、急げ急げだ。

▼それから、福島原発の大惨事は、もはや取り返しのつかないことを起こしてしまったことを、日本国民一人一人が自覚することからしか、何事もはじまらない。われわれが、戦後〝文明病〟にとりつかれ、アメリカの庇護の下、経済成長に邁進していった日々。超大国アメリカの非人道的な原爆実験の無惨な犠牲者になりながら、われわれはアメリカを保護者として、また豊かな国アメリカを目標として、戦後復興を遂げようとした、新生日本〝平和〟民主主義国。右も左もこのヘンテコな国の歩みに疑問符をつけるものは誰も居なかった。そういう発展のあり方がおかしいのではないかという疑問が湧きはじめたのが、バブルがはじけた九〇年代をすぎた頃だ。それから二〇年の歳月が流れて、今回の三・一一の大震災が起きたのだ。

▼今われわれは、大きな選択を迫られている。簡単にいえば、従来通りアメリカの核の傘の下、日々不安に苛まれながらも快適便利な生活を望むのか、それとも、日本国民の一人一人が自治意識に目覚め、日本独自の風土に根ざした古来からの生活様式の中で暮らすことを望んでゆくかだ。そのどちらかだ。どちらを選択するかで日本の将来は決まる。（亮）